筑摩選書

中村雅之
Nakamura Masayuki

空白の團十郎

十代目とその家族

空白の團十郎

十代目とその家族

目次

第三章　「文化人」への道　061

第六章　「歌舞伎十八番」の復活　177

空白の團十郎

十代目とその家族

はじめに

「市川團十郎《いちかわだんじゅうろう》」と言えば、たとえ歌舞伎に興味がない人でも、名前くらいは知っていることだろう。数十年前なら、日本人なら誰でも知っていると言っても過言ではなかったほどだ。「歌舞伎の宗家《そうけ》」あるいは、「江戸の守り神」と称せられ、歌舞伎の世界では、比類のない別格の名跡だ。

江戸時代中期に活躍した初代から数え、当代で十三代を重ねる。

歴代の事績を記した書籍は多いが、どれも「十代目」についての紙幅は極めて少ない。当代や早世した代を除けば、他の代が数十頁にも及ぶのに対し、数頁しかない。

「十代目」は、本名は堀越福三郎《ほりこしふくさぶろう》。「劇聖《げきせい》」と讃えられた明治の名優・九代目市川團十郎が、長女・實子《じつこ》の夫として迎えた婿養子。「堀越」は、團十郎の本姓で、結婚前は「稲延《いなのべ》」だった。実家は、東京・日本橋の裕福な商家で、歌舞伎の世界とは直接的な縁はない。「慶應」を出て、父が経営する銀行に少し勤めた後、婿入りした。義父からは、役者になることは期待されていなかった。

義父は、「團十郎」の名跡を継ぐ者を決めぬまま明治三十六（一九〇三）年に亡くなる。福三郎は、役者でもないのに「市川宗家」を継ぐことになる。

ところが、義父の死後、三十歳になって、突如として役者を志し、歌舞伎の世界に身を投じる。やがて「市川三升《いちかわさんしょう》」を襲名し、昭和三十一（一九五六）年に七十七歳で亡くなる前まで舞台に立ち続けた。告別式の日、当主となった養子の海老蔵《えびぞう》から「十代目市川團十郎」を追贈された。

福三郎のことを紹介した文章に、判で押したように出てくるのが、「裕福な商家」「慶應」「銀行員」という三つの看板。しかし、その詳しい中身については、ほとんど記述がない。役者としての評価は素通りし、功績として挙げられるのは、「歌舞伎十八番《かぶきじゅうはちばん》」の復活に尽くした、ということくらい。いわゆる「キワモノ扱い」だ。

私も、始めは、この歌舞伎役者としての異色の経歴に興味を持った。

少し調べていくうちに、「なぜ、中年になって、突如として役者を志したのか」という点が気になった。そこには、何か止むに止まれぬ思いがあったはず。このまま「キワモノ扱い」しておくのは、あんまりだ。本当に、「團十郎」の名跡《みょうせき》に値しない人物だったのだろうか？　それを見極めたくて、本気で調べ始めた。

それにしても福三郎の人生は、はっきりしないことが多い。まさに「空白の團十郎」と言って良いだろう。作業は、まず「空白」を埋めることから始まった。これが実に難題で、随分と時間が掛かった。バラバラになって、どこに行ってしまったかもわからないジグソーパズルのピースを探し出しながら嵌め込んでいくようなものだった。

おまけに、これまで福三郎の人生について記した文章には、典拠不明の不正確な情報が、そのまま採用されていたりもした。一つひとつ裏を取りながら正していく作業をした。

やっとの末に人生の輪郭が見えてくると、今度は、福三郎という人物を評価するためには、ただ本人の人生を辿るだけでは不十分であることが解ってきた。婿入りしてからの人生は、常に家と家族と共にあったからだ。義父の九代目市川團十郎、その娘である實子・扶伎子《ふきこ》、養子として迎えた市川高麗蔵《いちかわこまぞう》、さらには團十郎家の歴代や門弟についてまでも論及しなければ、福三郎への評価は下せない。

第一章では、「裕福な商家」「慶應」「銀行員」という三つの看板を軸に、これまで、よく解らなかった福三郎の生まれから結婚までを明らかにする。

市川三升（「演劇界」1955年10月号）

第二章では、福三郎が婿入りした「市川宗家」とは、どういう家だったのかを改めて見てみる。町の気風の中から生まれた江戸歌舞伎、團十郎歴代の足跡、そして江戸の人々にとって、「團十郎」という名跡は、どのような存在であったかを町との関わりの中から浮かび上がらせる。
第三章では、歌舞伎の近代化に挑み、挫折しながらも、「俳優」として高く評価され、亡くなってからは「劇聖」と讃えられ、芸能人としては、ただ一人、「文化人切手」に取り上げられるという栄誉を得た九代目市川團十郎の人生を辿る。

第四章では、「女優」に焦点を当てる。歌舞伎の近代化には「女優」が不可欠と考え、苦闘した九代目團十郎、その思いを受け継いだ福三郎と實子・扶伎子。近代における「女役者」「女優」の歴史と絡めながら、「女優」をめぐる家族の歩みに迫る。

第五章では、これまで謎に包まれていた三十歳にして役者を志した頃の動向に始まり、福三郎の四十数年に及ぶ役者人生を辿ると共に、その当時の評価を検証する。

第六章は、これまで福三郎の功績として唯一挙げられてきた、「歌舞伎十八番」の復活について。「歌舞伎十八番」とは何かを前提として、門弟と福三郎が取り組んだ復活の軌跡を追う。

第七章では、福三郎が、「團十郎」を継がせようと白羽の矢を立てた高麗蔵の襲名までを記す。

なお、十一代目團十郎およびその家族については満年齢で、その他については数え年で年齢を表記する。

第一章

理想の婿

1　裕福な商家の次男

日本橋の履物屋

福三郎の実家は、履物屋を家業とする日本橋の商家だ。

祖父・安兵衛《やすべえ》は、幕末に常陸《ひたち》・下館城《しもだてじょう》の近くの稲野辺村《いなのべむら》から江戸へ出て来て、始めは魚屋をしていたが、上手くいかず、苦労の末、履物屋として成功した。始めは、出身地の名を取って「稲《いな》野辺《のべ》」を名乗っていた。

安兵衛が、どういう経緯で、江戸に出て商売を始めたかはわからないが、関東の百姓・町人が、江戸へ奉公に出ることは、珍しくなかった。

明治六（一八七三）年、福三郎の父・利兵衛《りへえ》が、後を継ぐと同時に、姓を「稲野辺」から「稲延」に改めた。いつの頃からかは解らないが、「常陸屋《ひたちや》」の屋号を名乗るようになっていた。

店があったのは、日本橋川に架かる江戸橋の南西の袂《たもと》。現在の日本橋から少し川下。住所は本《ほん》材木町《ざいもくちょう》一丁目。近くに日本橋魚河岸《うおがし》がある江戸のど真ん中だった。

本材木町は、その名の通り、材木商とゆかりがある。江戸の町が開かれる時、建築工事のため

井上探景「憲法発布式大祭之図 江戸橋ヨリ鎧橋遠景」

大量の木材が必要となり、それを調達するため、家康《いえやす》の領国だった駿河《するが》や遠江《とおとうみ》から材木商が呼び寄せられた。その材木商たちが、そのまま住み着き、できたのが本材木町だ。「本町」というのは、古くからあった町であることを示している。

日本橋を下ると、日本橋川の本流から南西に分かれ、支流の楓川《かえでがわ》となっていた。荷を運ぶ舟が行き交い、楓川の河岸には問屋が軒を連ねていた。

明治維新後、楓川を挟んだ向こう南側は「兜町《かぶとちょう》」と名が変わり、大きく生まれ変わった。

楓川に架かるアーチ型石橋・海運橋の前の丹後《たんご》・田辺《たなべ》藩牧野家の上屋敷《かみやしき》の跡地には、天守閣のような五階建ての高楼《こうろう》が聳える和洋折衷の第一国立銀行が建っていた。第一国立銀行は、「日本の資本主義の父」とされる渋沢《しぶさわ》栄一《えいいち》が設立した日本で最初の銀行。建物は、「文明開化」の象徴として錦絵《にしきえ》にも描かれ、東京の新名所となっていた。

近くの堀江町に住んでいた商人・鹿島萬兵衛《かしままんべえ》が、「高砂屋浦舟」の筆名で、幕末から明治初年に掛けての江戸の町の有様を生き生きとした筆致で記した『江戸の夕栄《ゆうばえ》』の中に、福三郎の実家のことが触れられている。

それには「江戸橋橋上より南に向ひ、橋台の左右には粗末の床見世あり、西側には稲延といふ下駄屋その隣家にお萩屋あり」（鹿島萬兵衛『江戸の夕栄』紅葉堂書房、一九二二年）とある。町の風景は大きく変わろうとしていたが、通りを行く人を見ても、まだ洋服を着ている人は、それほど多くなく、履物も下駄や草履だった。一等地に店を構えていたのだから、さぞかし繁盛したことだろう。

明治十三年生まれ

福三郎は、利兵衛の次男として生まれた。母は、東京の士族・中川惣兵衛《なかがわそうべえ》の次女・フサ。上に三つ違いの兄・新太郎がいた。

福三郎の生年に関しては、明治十三年説（遠藤為春《えんどういしゅん》「幕間」一九五六年三月号、和敬書店、西山松《にしやままつ》之《の》助《すけ》『市川団十郎』吉川弘文館、一九六〇年、金沢康隆《かなざわやすたか》『市川團十郎』青蛙房、一九六二年）と明治十五年説（服部幸雄《はっとりゆきお》『市川團十郎代々』講談社、二〇〇二年）などがある。活躍していた当時の俳優名鑑を見ても、明治十四年との表記もあるなどバラバラだ。

どれが正しいか確定はできないが、歌舞伎の演出なども務めた遠藤は、福三郎と年が近く、若い時からの知り合いで、その後も松竹の取締役などとして公私にわたり、長い間、付き合いがあった。それを考えると、遠藤が記している明治十三（一八八〇）年十月三十一日、というのが、最も信憑性が高い。

福三郎が生まれた頃は、西南戦争を最後に各地で起こっていた士族反乱は治まり、武家を中心とした封建社会は完全に崩壊していた。いよいよ日本は、憲法発布や国会開設など、欧米を範とした近代化へ本格的に歩み出そうとしていた。

福三郎は、絵を描くのと芝居が好きな少年だった。大道具を作り、背景を描いて、よく友達と芝居の真似事をして遊んだ。友達からは「福三郎君は役者になればいい」と言われた。

名士・利兵衛

福三郎の経歴を紹介する中に、「富豪の息子」と記されていることがあるが、子どもの頃は、まだ、それほどでもなかった。

福三郎が、十二歳頃、明治二十四（一八九一）年、日本橋区内で、高額の所得税を納めた人物が載っている東京府文書『諸政要録《しょせいようろく》』を見ても、利兵衛の名前はない。

しかし、大正五（一九一六）年に、大手の新聞・時事新報の付録として発行された「全国五十萬圓以上資産家」という表には、旧大名家や財閥の当主らと共に利兵衛の名前が載っていて、資産は「六十萬圓」と記されている。

企業物価指数で換算すると六十万円は、現在の七億円近くに相当する。

当時の日本の人口は約五千三百四十九万人。その中で、六十万円以上の資産を持っていたのは、わずか二千二百一人しかいなかった。

「富豪」という言葉のイメージは別としても、利兵衛は、全国でも有数の資産家になっていた。

利兵衛は、「富豪」となるまでの間、「履物屋の主人」というよりも、日本の資本主義の黎明期において、「慶應義塾」「渋沢栄一」「三井」をキーワードとした新たな経済活動の渦の中にいて、活発に動いていた。その渦の中に入ることができたのも、日本橋という地で商売をしていたからだった。

明治二十四（一八九一）年、利兵衛は越後《えちご》屋《や》を経営していた三越得《みつこしとく》右《え》衛門《もん》（三井から一時的に改姓）らが中心となって綿専門の商社として創業した鐘淵紡績《かねがふちぼうせき》の監査役となる。

その後も、日本通運の前身である内国通運《ないこくつううん》の監査役、富士紡績の取締役、後に合併して安田火災海上保険となる第一機《だいいちき》缶保《かんほ》険《けん》取締役などを歴任する。東京商工会議所議員として財界活動にも精を出す。

一方で、地方政界にも進出する。

明治三十四（一九〇一）年、利兵衛は、日本橋区会議員に初当選。その後、六期・十八年にわたって務める。当時、議員を兼任することは可能で、明治三十五（一九〇二）年には、東京市会議員にも当選。こちらも二期・十二年にわたり務める。

この時代は、区会・市会共に、一定の税を納めていなければ選挙権・被選挙権がない「制限選挙」。議員定数は、納税額によって一級から三級に分けられ、選挙人は、それぞれの等級の候補者に投票する「三級選挙法」だった。その中で、利兵衛は、いずれも一級議員として選ばれている。

2　慶應ボーイ

「慶應出」の謎

もう一つ、福三郎の経歴で目を引くのは、「慶應出」ということだ。福三郎自身、大正七（一九一八）年に、演劇画報社から刊行された『現代俳優鑑《げんだいはいゆうかがみ》』という本の中で、アンケートに応えて、学歴を「芝三田慶應義塾出身」と記している。

「慶應」とは、豊前《ぶぜん》・中津《なかつ》藩士だった教育者の福澤諭吉《ふくざわゆきち》が、藩命で、築地《つきじ》鉄砲洲《てっぽうず》の中屋敷内に開いた蘭学塾が源流。時代の変化に対応し、途中で英学塾に変わり、慶応四（一八六八）年、芝新銭座《しばしんせんざ》に新校舎が完成した時に、元号から取り、名前を「慶應義塾」に改め、私塾から近代的な私学として再出発した。

「慶應」と言えば、私学の名門、そして「慶應ボーイ」という言葉に代表されるように、裕福な家の子弟が集まる学校というイメージが強い。

昭和九（一九三四）年に発行された『帝都大学評判記』（大村八郎著、三友堂書店）という本にも、慶應の学生の特性として「文化人としての享楽を味わっている」「世俗に慣れたスマートな紳士」「最近までは東京、大阪等の大都市の実業家や商人の子弟が多く、断然都市的な金持階級によってその大半が占められてゐた」と記されている。

歌舞伎役者の社会的地位が格段に高まった今は、「慶應出」と言っても、驚くことでもない。しかし、地元の小学校しか出ていない役者ばかりだった当時としては、婿養子だとしても「慶應出」は珍しかった。それだけに、福三郎の人生の異色さの象徴ともなっている。

しかし、福三郎の経歴を紹介したどの文章も、「慶應出」としているだけで、それが旧制の小・中学校に当たる幼稚部・普通部なのか、はたまた慶應大学（予科・本科）なのか、具体的な学校名も、卒業年も記されていない。

福三郎が育った頃、学校制度は、コロコロと変わっている。国家の近代化に合わせようとしたが、急ごしらえのため上手くいかず、何か問題が起こると、対症療法を繰り返していたためだ。福三郎が生まれた明治十三（一八八〇）年を起点に、教育制度の変遷を辿りながら、彼の学歴を検証してみよう。

明治十九（一八八六）年四月、第一次小学校令の公布によって、小学校が尋常小学校と高等小学校に分けられ、それぞれ四年制とされた。尋常小学校までが義務教育で、入学は六歳と定められた。それに従えば、福三郎が、小学校に入ったのは、明治二十（一八八七）年四月ということになる。

まず、そこで問題なのは、入った学校が、慶應義塾なのかどうかということだ。

福澤は、慶應義塾を共に学ぶ者の集まる「社中《しゃちゅう》」と考え、そこに入ることを「入社」と言った。文久三（一八六三）年春から、福澤が亡くなった明治三十四（一九〇一）年の十一月までに、現在の小学校・中学校・高校・大学に相当する課程に入った者の記録が、「入社手帳」という形で残っていて、およそ二万人の名前が記されている。それを確認したが、「稲延福三郎」という名前は見当たらない。

「入社手帳」がある最後の年に福三郎は二十一歳。それ以降に、大学から入った可能性は残る。しかしこの年に福三郎は、ちょうど結婚しているが、すでに「慶應出」と紹介されている。

果たして、どういうことなのか？

夜間の商業学校

実は、慶應義塾には、他にも関連する学校があった。これらの学校の入学者は「入社手帳」には載っていない。その一つが、「慶應商業学校」だ。

明治二十四（一八九一）年、夜間に簿記など商業実務を教える一年制の「商業夜学校」として開校した。

これは、中学に相当する「普通部」の在学生で、前年に設立された「大学部」に進まず、家業などに就く予定の者のために設けられた。昼間は「普通部」、夜は「商業学校」で学ぶというものだった。しかし、次第に「普通部」の在学生ではなく、昼間働いている商家の子弟や苦学生が多くを占めるようになった。

明治二十七（一八九四）年には、「夜」が取れ、「商業学校」となった。

入学資格は、高等小学校卒業生、もしくは十五歳以上とされていた。仮に福三郎が、高等小学校を出て、すぐに「慶應商業学校」に進んだとしたら、明治二十八（一八九五）年に入学し、翌年に十六歳で卒業したことになる。後に記述するが、福三郎は二十一歳で結婚するまでの間、数年間、銀行に勤めていたとされるから、辻褄が合う。

福三郎の「慶應出」とは、正確に言うと「慶應商業学校出」だった可能性が高い。

「塾員」と「三田会」

一般的に、慶應卒業生の間では、「商業学校」の卒業生は、「慶應出」とは見なされない。「慶應出」とされるのは「塾員」と呼ばれると称号を持っているかどうかだ。卒業の制度ができた明治七（一八七四）年以降に、入学資格は旧制・新制にかかわらず大学か、それに相当する課程、高等部の卒業生に限られている。商業学校などの卒業生や中途退学者の中から特に選ばれた者に対しては「特選塾員」という名誉的な称号を設けている。

地域・職業・出身サークルなど様々な枠組みで無数に存在し、社会的に大きな影響力を持つ「慶應」のOB組織「三田会」も、「塾員」であることが入会条件だ。

福三郎は、厳密に言うと「慶應出」ではなかったかもしれないが、その立ち振る舞いや教養には、それを思わせるものがあったことは確かだ。

兄の新太郎は、明治三十四年五月に、満二十三歳で、旧制の中学に当たる普通部に入学していることが、「入社手帳」から確認できる。現代の感覚だと随分と遅いように思えるが、他の同級生も、二十歳を超えている者が珍しくなかった。

ちょうどこの頃、父・利兵衛は、監査役を務めていた鐘淵紡績で、塾頭も務めた小幡篤次郎《おばたとくじろう》や中上川彦次郎《なかみがわひこじろう》・朝吹英二《あさぶきえいじ》ら慶應義塾出身者に囲まれていた。そこで、彼らの知識に舌を巻き、後継ぎの新太郎に慶應義塾で学ばせようと思ったのかもしれない。

新太郎の名前は、「塾員」の名簿には載っていないから、上には進まなかったのだろう。それでも、新太郎は、昭和に入り、第一機缶保険の社長になるなど経済界で活躍した。

3　持ち上がった縁談

銀行員

明治三十（一八九七）年、日本通商銀行が設立され、父の利兵衛は、この銀行の頭取となる。調べても、「日本通商銀行」の業務内容や経営実態は、全く不明だ。名前は大仰だが、店舗は一か所だけで、現在でいうと、信用金庫や信用組合の支店程度だったと推測される。この頃は、日本に銀行制度が導入されたばかり。時流に乗ろうと、全国の「金持ち」が競うようにして資金を出し、雨後のタケノコの様に「銀行」が設立された。日本通商銀行も、その中の一つだったのだろう。

福三郎も、この銀行に勤めていたとされているが、先に仮定したように、慶應商業学校で学んでいたとしたら、銀行が設立される前年に卒業したはずだ。一年間、家業の履物屋でも手伝った後、入行したのかもしれない。

二十一、二十二歳の頃から副支配人を務めていた、と書かれた文章もあるが、これは定かではない。もちろん、オーナー経営の小さな銀行だから、利兵衛の胸先三寸で、どうにでもなったことだろうから、若くして副支配人だった、としても不思議ではない。

現代の感覚なら、一人前の経営者に育って欲しいと思うなら、他の銀行にでも修業に出すところだろう。「慶應閥」という人脈があった利兵衛なら、財閥系の企業に福三郎を押し込むことは、いくらでもできたはずだ。

絵葉書「東京名所 日本橋」

しかし利兵衛は、そうしなかった。「長男至上主義」が当たり前の時代だから、次男の福三郎は何ら期待されておらず、いずれ婿や養子にでも出すか、そうでなければ、「宛行扶持《あてがいぶち》」で一生を終わらせる腹積もりだったのかもしれない。

日本通商銀行があったのは、室町《むろまち》一丁目。江戸橋の隣の日本橋の北西の袂、現在、ちょうど三越日本橋本店の新館が建つ場所。常陸屋からは、目と鼻の先だ。辺りは、まだ江戸時代とさほど変わらぬ造りの商家が並んでいて、西洋式の建物は、ぽつりぽつりと建ち始めたばかり。上にドーム型の塔が乗った白い二階建ての瀟洒《しょうしゃ》な洋館の銀行は、人々の目を引いた。

細身で洋服を着こなす東京生まれの「モダンボーイ」だ

った福三郎には、似合いの職場だった。

實子との結婚

銀行員になって数年が経った頃、福三郎に、縁談話が持ち上がる。これまで、福三郎のことを記した文章の中には、「恋愛結婚」としているものもあるが、これは明らかな間違い。複数の資料を突き合わせても「見合い結婚」であることは確かだ。兄・新太郎の義父、つまり妻・タマの父である籾山半三郎《もみやまはんざぶろう》が、縁談話を持って来たのだ。籾山は、日本橋の鰹節問屋・三浦屋の主人で、東京でも有数の資産家だった。日本通商銀行の相談役を務めるなど、利兵衛とも親しい間柄だった。

三升と實子（市川翠扇『九代目團十郎と私』六芸書房）

この縁談の相手というのは、「九代目市川團十郎」として舞台に立っていた堀越秀《ほりこしひでし》の長女・實子だった。

籾山は、堀越家とも懇意にしていた。福三郎の身長は五尺二寸（約百六十センチメートル）と当時の成人男子のほぼ平均だったが、やせ型で、すらっとしていた。實子は、趣味も良いおしゃれな福三郎に会い、またとない相手と思ったことだろう。

明治三十四（一九〇一）年十一月十五日、福三郎は、南八丁堀《みなみはっちょうぼり》の質商・中村彌《なかむらや》助《すけ》の媒酌で、實子と結婚する。福三郎は二十一歳、實子は二十歳になったばかりだった。

實子は、扶伎子との二人姉妹で、男兄弟はいなかった。

九代目團十郎が養子として迎えた弟・市川幸蔵《いちかわこうぞう》の子・金之助《きんのすけ》（あかん平）は十三歳で夭折。筋が良く、後継者と目されていた弟子の五代目市川新蔵《いちかわしんぞう》も、明治三十（一八九七）年に三十七歳の若さで亡くなっていた。實子と福三郎が結婚した当時、誰も後継ぎになりそうな者はいなかった。たび重なる死が痛手となり、九代目團十郎は、ひとまず後継ぎのことを考えるのを止めたのだろう。娘の幸せだけを願い、願わくば男の孫が生まれ、名跡を継いでくれることに一縷《いちる》の望みを託していたのかもしれない。

福三郎は、最初から役者になることは期待されておらず、結婚してからも銀行に勤め続けた。「市川宗家の若旦那」ではなく、飽くまで「堀越家の婿」として生活することになる。

4　教養人であり、良き家庭人

「飲む打つ買う」

この頃の役者は、教養人とは言い難かった。

役者名鑑を見ると、そのことがよく解る。アンケート形式で、それぞれの趣味についての回答が記されている（杉浦善三《すぎうらぜんぞう》編『俳優明鑑《はいゆうめいかん》』演藝倶楽部、一九〇九年）。

まず読書について見ると、多く記されているのが「院本《いんぽん》」。「院本」とは、「丸本《まるほん》」とも言われ、浄瑠璃《じょうるり》が一曲丸ごと書かれた台本のこと。歌舞伎では、「丸本物」といって人形浄瑠璃を元とした演目は、一つの柱。「院本」も、役者としての仕事上、読まなければならなかったものだった。

他には、当時の流行作家で、『巌窟王《がんくつおう》』『あゝ無情』などで知られた黒岩涙香《くろいわるいこう》や新派の代名詞ともなった『金色夜叉《こんじきやしゃ》』の作者・尾崎紅葉《おざきこうよう》の名前が、ちらほら挙がる程度だから読書らしい読書はしていなかったことが解る。

「娯楽は？」という問いに対しては、釣りのほか、流行《はや》りだった玉突きを挙げる役者が目立つ。「飲む打つ買う」は当たり前だったが、さすがに、これを堂々と「娯楽」として挙げているのは、「芸者買」と答えた三代目市川團八《いちかわだんぱち》、ただ一人。実に正直者だったのだろう。何と團八は、團十郎の弟子だった。團八は、何が原因かは解らないが、團十郎の怒りを買い、一時破門されていたから、きっと團十郎にとっては、愛すべきところはあるが、困った門弟だったのだろう。

読書と絵画

團十郎の「演劇改良」は、舞台上だけに止まらなかった。役者自身の生活が変わらなければ、その実を挙げることができないと考え、自身、日々の生活の中で、それを実践していた。目指すところは、教養人であり、よき家庭人だった。

團十郎は、「報知新聞」に連載されていた村井弦斎《むらいげんさい》の「百道楽シリーズ《ひゃくどうらくシリーズ》」を愛読していた。「百道楽シリーズ」には、『酒道楽《さけどうらく》』『釣道楽《つりどうらく》』『女道楽《おんなどうらく》』『食道楽《くいどうらく》』があった。これらは、道楽を推奨するのではなく、現《うつつ》を抜かすことを戒めた啓蒙的な小説だった。

團十郎は、役者の嗜みであった俳句はもちろん、土佐派・琳派《りんぱ》・南画《なんが》の絵師に絵を学び、骨董も好きな趣味人だった。

女流南画家の野口小蘋《のぐちしょうひん》とは、付き合いが長かった。明治十（一八七七）年、静岡での興行の合間に、門弟たちと一緒に名所を訪れ、渡しの茶屋で休んでいる時、子どもを連れた小蘋夫婦と、偶然出会ったのが始まりだった。

その時は、團十郎は、小蘋だとは気が付かずに別れた。再会したのは、九年後の明治十九（一八八六）年五月に、團十郎が、新富座《しんとみざ》で渡邊崋山《わたなべかざん》を主人公とした「夢物語盧生容画《ゆめものがたりろせいのすがたえ》」を初演した時のことだった。

渡邊崋山は、江戸時代後期の三河《みかわ》・田原藩《たはらはん》家老。蘭学者として「蛮社の獄《ばんしゃのごく》」に連座し蟄居《ちっきょ》を命じられた末に自刃したが、南画家としても著名だった。團十郎が、渡邊崋山を演じようと思い立ったのも、南画に興味を持ち、特に崋山に心酔していたからだった。

「夢物語盧生容画」は、南画家を始めとした文人墨客《ぶんじんぼっかく》の間で評判となり、揃って見物に来るだけでなく、新富座の茶屋で書画会が開かれたり、引幕《ひきまく》が贈られたりした。その中に小蘋もいて、渡しの茶屋で会ったことを「九代目」に話して以来、親しくするようになった。

その後、小蘋は團十郎から頼まれ南画を教えたり、舞台衣装の絵を描いたりしている。福三郎も、團十郎の勧めで小蘋の手ほどきを受けた。

築地の家

團十郎は、新富町に住んでいたが、後に築地に引っ越した。家の回りは、ナニワイバラの生垣で囲まれていて、春になると美しい白い花が咲いていた。近所の人は、これを「團十郎垣根」と呼んでいた。

離れの傍には神殿があって、團十郎は、朝起きると、すぐに参拝するのが日課だった。それから、離れに行くと、健康を確認するように、よく「勧進帳《かんじんちょう》」の「延年《えんねん》の舞」を舞っていた。

團十郎は生き物が好きで、鯉・亀・カエルなどを飼っていた。福三郎が、よく箱根に行って、土産代わりに沢カニを捕まえて来ると、喜んだ。歌舞伎座の庭に蛇を飼って、みんなを閉口させたことさえあった。

動物ばかりでなく植物も好きだった。山ブドウのような野趣あふれる植物を自ら花入れに挿していた。ある時など、柳と桜を活け、それに因んだ古歌を客の前で詠んでみせて喜ばせた。

茅ヶ崎の別荘

團十郎は、河原崎座《かわらさきざ》の経営に失敗し、明治十二（一八七九）年頃には、六万円もの借金を抱えていたとされる。しかし、明治二十二（一八八九）年に歌舞伎座が開場した時、福地源一郎《ふくちげんいちろう》（桜痴《おうち》）とともに座元《ざもと》であった千葉勝五郎《ちばかつごろう》から残債の整理に要する一万五千円を融通してもらったことで事態は好転する。

明治三十三（一九〇〇）年には、三万円を掛けて、茅ヶ崎に別荘を構えた。築地にいると、どうしても人の出入りが多くなる。それが煩わしくなっていたからだ。

茅ヶ崎は、相模湾に面し、風光明美で温暖な土地柄から、政財界人や文化人が別荘を構えていた。團十郎は、好きな釣りが存分に楽しめ、富士山を眺めることができるので、その地を選んだ。別荘は「孤松庵《こしょうあん》」と名付けられた。陶淵明《とうえんめい》の詩「帰去来辞《ききょらいのじ》」の一節である「孤松を撫《ぶ》して盤桓《ばんかん》す」から取ったものだった。

数寄屋造りの建物に林泉式《りんせんしき》の庭も付いた立派な別荘で、近くに舟を置いてあって、船頭も、いつでも呼べるようになっていた。

かつては反目することもあった五代目尾上菊五郎《おのえきくごろう》との仲だったが、この頃には「盟友」と言っても良い存在になっていた。菊五郎からの頼みで、息子の二代目丑之助《うしのすけ》（後の六代目菊五郎）と英造《えいぞう》（後の六代目坂東彦三郎《ばんどうひこさぶろう》）を預かり、他の若手と一緒に、この別荘で稽古をつけたりもしていた。

別荘の夜は賑やかだった。食事の後の団らんは、師匠も弟子もなかった。團十郎も入って、手足を動かしたり、早口言葉を競ったりした。しかし実は、これも稽古になっていたのだ。

福三郎が婿入りした頃、團十郎は、大病したばかりで、打ちひしがれていた。歌舞伎に出ない時は、家族を引き連れ、別荘で過ごすことが多かった。週末や夏休み、團十郎が茅ヶ崎にいる時は、福三郎も行くようにしていた。團十郎は、福三郎が来るのを待ち侘びていて、途中まで出迎えを差し向けるのが常だった。

博識・多趣味

付き合いがあった友人・知人が、福三郎を評する時に出て来るのは、「通人」「文化人」「博識」「多趣味」などといった言葉だ。この言葉を見ただけでも、福三郎が、どういう人物だったかが解る。

團十郎の回りにいる役者たちと比べると、福三郎は全く違う人物だった。酒は飲まず博奕などには興味はなく、吉原へは行っても女遊びにうつつを抜かすことはなかった。知識も、教養もあり、衣食住の何事にも一家言ある「通人」だった。

少年の頃には、東京美術学校教授で帝室技芸員の橋本雅邦《はしもとがほう》から日本画、大人になってからは松本民治に油絵を習っていた。書も達筆だった。

生涯を通じ、カメラ、小唄、骨董など多彩な趣味を持った。

カメラ好きは学生時代からだった。別荘にも持ち込んで、團十郎、實子、扶伎子、丑之助や弟子達の日常生活にレンズを向けたり、別荘の周辺を撮影したりして歩いた。ちょうどカメラは、「写真師」だけが扱う時代から素人も手にする時代に入って来ていた。とは言っても、カメラは、まだとても高価で、金持ちの趣味だった。

よく仲間と小唄の会を催したりもしていた。唄うのは、たいして上手くなかったが、作詞は素人の域を超えていた。明治の頃までは、評判を呼ぶ演目があると、巷では、それに因んだ小唄が作られていた。三升が残した小唄も「助六《すけろく》」「玄冶店《げんやだな》」「権八《ごんぱち》」など歌舞伎に関するものが多い。

骨董は、色とりどりのガラス製の「とんぼ玉」やインドを起源とした木綿に文様《もんよう》を染めた「更紗《さらさ》」などを主に、幅広く集めていた。骨董の王道の書画や陶磁器ではなく、「とんぼ玉」「更紗」というところが、何事にも一家言ある福三郎らしい。

家族思い

福三郎は、團十郎と同じく、良き家庭人だった。

堀越家における福三郎の身の処し方は、婿養子として見事だった。婿となる前からの遊び仲間で、後に松竹の取締役を務めた遠藤為春は、福三郎が亡くなった時の追悼文で、堀越家での様子を次のように記している。

「堀越家の人となつてからの三升君は、養父に仕へる事神に仕ふる如く、全く他処目《よそめ》にも美しい親孝行であつたし又妻女に対しても、団十郎の娘であるといふ観念からか、寧《むし》ろ尊敬を以て遇してゐたので、これを下卑《げび》ていへば嬶《かかあ》天下、今なら恐妻といへば、いへるかもしれないが、小生はさうは思はない。恐れるのではなく敬つてゐたのであり決して不満を持つてはゐなかつたのであります」（「幕間」一九五六年三月号、和敬書店）。

教養人で家族を大切にする福三郎は、團十郎にとって理想の婿だった。

第二章

江戸の守り神

1　江戸歌舞伎

荒くれ者の町

豊臣秀吉《とよとみひでよし》は、小田原の北条氏を倒し、その支配下にあった関東八か国を徳川家康《とくがわいえやす》に与えた。家康が、江戸に到着したのは、天正十八（一五九〇）年。それまで江戸城は、北条氏の重臣・遠山氏が城代を務めていたが、石垣もなく、川に沿って芝土居があっただけの簡素な造りだった。八か国を治める大大名の居城としては不足だが、関東の大名の支城としては一般的だったと言ってよい。

徳川氏の居城となり幕府が開かれると、江戸城は、堀と石垣を備えた本格的な城へと変貌すると同時に、どんどん拡張されていく。

しかし、この頃の江戸は、干潟や低湿地が広がり、城の前は、大きな入り江だったため、建設と並行して、大掛かりな土木工事が必要だった。近くの小さな山を切り崩したり、堀を掘ったりした過程で出た土砂で、入り江を埋め立てた。こうして陸地となった辺りは、後に「日比谷《ひびや》」と呼ばれるようになる。

城の回りも、「城下町」と言えるような賑わいはなかった。小さな宿場があるだけだった。まず城の整備に合わせ徳川家の家臣団が入り、やがて関ヶ原《せきがはら》の合戦で天下の形勢が決すると大名屋敷が立ち並ぶようになる。それと並行して、新たに商人や職人たちが移り住んで来て、商家や長屋など町屋が建ち、江戸は巨大な城下町へと変貌していく。

建築・土木工事のため、関東だけでなく、全国から大勢の人足や職人が集まった。江戸時代初期まで、江戸は、一年中、工事をしていて、町には、男が溢れていた。

江戸は、江戸城を中心とした大名・旗本《はたもと》の屋敷が並ぶ武家地と町人たちが暮らす町人地に分かれていた。武家地の人口が、どのくらいかは軍事上の秘密とされていたが、町人地の記録は残っている。それによると、男女比率は、城と町の建設が盛んだった江戸時代初期は、男の方が一・八倍と多かった。必然的に、独り身の男が町に溢れていた。家族を養う必要がない荒くれ男たちによって、町の気風ができあがっていった。

「江戸三座」

江戸に町ができると共に芝居小屋が建ち始めたが、江戸時代前期に、この中で、四つの座が、幕府公認とされた。正徳四(一七一四)年、御年寄《おとしより》・江島《えじま》ら大奥の女中たちが、芝居見物の後、役者の生島新五郎《いくしましんごろう》らと遊興に耽ったという咎で、処罰された「江島生島事件」の煽《あお》りで、山村座《やまむらざ》が廃座を命じられ、中村座《なかむらざ》・市村座《いちむらざ》・守田座《もりたざ》の三座になった。

歌川広重「東都名所芝居町繁栄之図」

三つの座は、「江戸三座《えどさんざ》」と総称され、ここでの興行は「大《おお》芝居《しばい》」とされ、歌舞伎の世界の頂点に立っていた。何らかの理由で興行ができなくなった時にも、三座体制を維持するため、それぞれの座に、興行を代行する「控櫓《ひかえやぐら》」が、あらかじめ設定されていた。三座のほかに、人形芝居を専門とする薩摩座《さつまざ》と結城座《ゆうきざ》も、常設が認められていた。

天保十二（一八四二）年、中村座からの失火で市村座も類焼。これを契機として、何事もなかった森田座《もりたざ》を含め、日本橋から京橋にかけて点在していた「江戸三座」は、幕府から浅草への移転を命じられる。

芝居は「風紀を乱す」とされ、改革の推進者である老中首《ろうじゅうしゅ》座《ざ》・水野忠邦《みずのただくに》は、町人町のど真ん中から人里離れた青山への移転を画策する。しかし、改革の行き過ぎに批判的で、町人の生活に通じていて興行的な困難さも理解していた北町奉行《きたまちぶぎょう》・遠山景元《とおやまかげもと》が、将軍へ直談判し、これが功を奏し、浅草への移転ということで落ち着いたのだった。

浅草寺《せんそうじ》の北東に当たる浅草聖天町《しょうでんちょう》にあった大名屋敷の跡地一万八千坪と移転にかかる費用として五千五百両が「御手当金」として与えられた。単に芝居小屋だけではなく、芝居茶屋など芝居町がそっくり移転するという大掛かりなものだった。役者だけに止まらず、芝居に関係する職人たちも一緒だった。

新しく造られた芝居町は、三丁にわたり、「猿若町《さるわかちょう》」と名付けられた。中村・市村両座は、天保十三（一八四二）年に移転を終え、翌年に経営難に陥っていた森田座に代わり「控櫓」の河原崎座が加わった。

これによって、一丁目に中村座、二丁目に市村座、三丁目に河原崎座と、初めて「江戸三座」が同じ通りに揃って軒を連ねることになった。

吉原《よしわら》は、目と鼻の先。相乗効果もあり、猿若町は、幕末までの三十年近くの間、芝居町として栄えた。

「小芝居」

それ以外にも芝居小屋はあった。小規模な粗末な造りで、ここでの興行は「小芝居《こしばい》」と呼ばれていた。寺社の境内に設けられていたことから「宮地芝居《みやちしばい》」、名目上は百日に限り興行が許されていたことから「百日芝居《ひゃくにちしばい》」、「大芝居」のような引幕が許されず粗末な緞帳《どんちょう》を使っていたことから「緞帳芝居」とも呼ばれていた。

「大芝居」同様の演目も演じられていたが、役者たちの間では、ここに出るのは格下と見られた。「大芝居」の役者が、「小芝居」に出るのはご法度とされた。

2　團十郎代々

初代

歌舞伎の世界で「市川宗家」と尊称される團十郎の家の本姓は堀越。初代團十郎は、江戸時代初期、江戸に生まれた。

堀越家は、一説によると、元々は甲斐国《かいのくに》の出で、戦国時代には、小田原を居城として関東一円を支配していた北条氏に仕えた。豊臣秀吉による「小田原攻め」で北条氏が没落すると、下総国《しもうさのくに》幡谷村《はたやむら》に移り住んだとされる。

とは言っても、江戸時代、百姓・町人とされた家系で、この時代まで家系を遡れる家は少ないから、真偽のほどは定かではない。

初代は、十四歳で市川段十郎《いちかわだんじゅうろう》として初舞台を踏み、後に團十郎と一字を改める。定紋《じょうもん》は、升を三つ重ねた形を上から見たのを意匠化した「三升《みます》」だ。

初舞台の演目は「四天王稚立《してんのうおさなだち》」で、坂田公時《さかたのきんとき》を演じた。つまり、昔話でお馴染みの金太郎だ。大柄な格子の模様の衣装を着け、紅と墨で派手な隈取《くまどり》をし、鉞《まさかり》を持って登場し、大江山で、大勢の狩人を相手に、大立ち回りを演じてみせた。これが、超人的で誇張された人物が活躍する「荒《あら》事《ごと》」の始まりとされる。

九代目團十郎は、「荒事といふものは七才八才位の小児《こども》の了簡《りようけん》を離れぬ様にするが尤《もつと》も肝要なり。去れど強いが良しとて乱暴児になりてはならず、今で云ふ活潑なる小児昔の利かぬ気の小児になるが必要なり」と記している（松居《まつい》眞玄《まさはる》『團州百話《だんしゆうひやくわ》』金港堂、一九〇三年）。

延宝三（一六七五）年には、江戸三座の一つ・山村座で「勝鬨誉曾我《かちどきほまれそが》」で曾我五郎《そがごろう》を演じたのを手始めとして、「鳴神《なるかみ》」「暫《しばらく》」「嫐《うわなり》」「象引《ぞうひき》」「勧進帳」など、後に「家の芸」として「歌舞伎十八番」の中に入れられる演目の原型を次々と初演していく。

中でも「暫」などの「荒事」は、複雑な筋もなく、視覚に訴える単純明快さがウリ。これが、気が短く教養がある訳でもない江戸の町人たちにはウケた。

鳥居清倍「市川團十郎の竹抜き五郎」

「團十郎」という名跡が、江戸歌舞伎に止まらず、歌舞伎全体を代表する存在となったのは、「荒事」を生み出したことにある。

しかし初代の芸は「荒事」だけではなかった。当時の役者評判記『野郎立役二町弓《やろうたちやくにちようゆみ》』には「此市川と申すは三千世界にならびなき、好色第一のぬれ男にて、御器量ならぶものなし」「実事《じつごと》悪人そのほか何事をいたされてもおろかなるはなし」（河竹繁俊《かわたけしげとし》『日本演劇全史』岩波書店、一九五九年）と記されており、濡れ場を演じる二枚目から悪人まで、何でもそつなくこなすことができた芸域の広い役者だったことが窺える。

「三《み》升屋《ますや》兵庫《ひょうご》」の筆名を持ち、作った演目は、合作も含めると五十作以上にのぼった。

初代團十郎の父・重蔵《じゅうぞう》は、不動明王《ふどうみょうおう》を祀る成田山新勝寺《なりたさんしんしょうじ》近くの生まれ。その縁で、子に恵まれなかった初代團十郎が、成田山に子宝祈願をしたところ男の子を授かった。

生まれた子が元気に育ったことの御礼として、元禄十（一六九七）年、中村座で「兵根元曾《つわものこんげんそ》我《が》」を上演した。その中で、團十郎は、成田山の不動明王に扮したが、迫力ある演技で、舞台にたくさんの賽銭が投げ入れられるほどだった。興行的にも大当たりだったこともあり、「成田《なりた》屋《や》」を屋号とした。

しかし、その華々しい人生は、呆気なく幕を下ろす。元禄十七（一七〇四）年二月、前年の大地震で焼けた市村座再建の柿落《こけらおと》し興行が行われていた。この興行に出ていた團十郎は、楽屋で、役者仲間の生島半六《いくしまはんろく》に刺殺される。享年四十五歳。半六は捕まったが、動機を語らずに獄死した。真相は、歌舞伎史最大の謎とされ、今でも解明されていない。

初代が生み出した「荒事」という新しい芸は、その後も絶大な人気を呼び、江戸歌舞伎の神髄とされるようになる。「荒事」は、新興都市として開発途上にあり、それに伴って荒くれ男たちが集まっていた、この頃の江戸の気風に見事に合致した。同時に、「團十郎」という名跡は、町の守り神であり、町人たちの代弁者ともなった。

二代目・三代目

初代の非業の死から半年ほどしか経たないうちに、息子の九蔵《くぞう》が、十七歳で二代目團十郎を継いだ。力量不足に悩んだこともあったが、正徳三（一七一三）年、山村座で初めて「花館愛護桜《はなやかたあいござくら》」の助六を演じた後、「万民大福帳《ばんみんだいふくちょう》」の鎌倉権五郎《かまくらごんごろう》や「坂東一寿曾我《ばんどういちことぶきそが》」の曾我五郎といった「荒事」の役を演じることによって頭角を現す。

後に「歌舞伎十八番」となる演目のうち、「助六」「七つ面《ななめん》」「景清《かげきよ》」「矢の根《やのね》」「毛抜《けぬき》」「関羽《かんう》」「押戻《おしもどし》」「不動《ふどう》」「外郎売《ういろううり》」と、実に半数が二代目の初演だ。

曾我五郎・十郎《じゅうろう》兄弟が活躍する「曾我物」を正月興行には欠くことができない演目として定着させたのも二代目團十郎。團十郎を名乗っていた間は、毎年のように五郎を演じた。毎回、趣向を凝らした新演出で演じ、客を飽きさせなかった。その結果、派生的な演目が次々と生まれ、「曾我物」の数は膨れ上がった。

二代目團十郎は、芸域が広く、上方《かみがた》歌舞伎の「和事《わごと》」も取り入れながら、父が始めた「荒事」を飛躍させ、江戸歌舞伎を代表する人気役者となった。遂には、初代芳澤《よしざわ》あやめと並び、初めて一年に千両を稼ぐ「千両役者」と呼ばれるようになる。

享保二十（一七三五）年、高弟の子で、幼い頃に養子にした升五郎《ますごろう》に三代目團十郎を襲名させてからも、自らは二代目海老蔵として、十数年にわたって役者を続けた。

一方、三代目團十郎は、襲名からわずか七年、二十二歳の若さで急死してしまい、その後、十数年の間、「團十郎」の名跡は空白となる。

四・五・六代目

宝暦四（一七五四）年、海老蔵（二代目團十郎）は、高弟の二代目松本幸四郎《まつもとこうしろう》を養子とし四代目團十郎とした。四代目は、大きな芝居茶屋の息子として生まれ、幼い時に、初代幸四郎の養子となり名跡を継いだ。二代目團十郎の庶子とも言われる。

後に「歌舞伎十八番」に入る「解脱《げだつ》」「蛇柳《じややなぎ》」「鎌髭《かまひげ》」を初演。「家の芸」である「荒事」に加え、若殿や若旦那が落ちぶれた姿を見せる「やつし事」では名人とされ、敵役である「実悪《じつあく》」も得意だった、とされる。

明和七（一七七〇）年、子の三代目松本幸四郎に五代目團十郎の名跡を譲ると、入れ替わりに二代目幸四郎に戻り、その後、三代目市川海老蔵を名乗った。役者を引退してからも、自宅に弟子たちを集め、演技について議論し合う会を定期的に開くほど研究熱心だった。

五代目團十郎は、大らかな性格だった。客が喜ぶと思えば、どんな役でも演じた。父から受け継いだ景清や将門《まさかど》のような「実悪」を得意としながらも、「女形《おんながた》」までこなした。ちょうど「早変わり」の演出が生まれた頃で、一人で何役も演じて見せて喝采を浴びた。頼まれると厭わずに地方へも行った。いずれも、それまでの團十郎にはなかった軽快さだ。

寛政三（一七九一）年、團十郎の名跡を譲ると、自らは蝦蔵《えびぞう》と名乗った。晩年は、名を成田屋《なりたや》七左衛門《しちざえもん》と改めた。芝居小屋から離れた向島《むこうじま》に隠居し、俳諧《はいかい》や狂歌《きようか》を通じて一流の文化人との交流を楽しみ、ほとんど舞台に立つことはなかった。

六代目團十郎は五代目の庶子で、養子に出されていたが、四歳の時に引き取られ、四代目海老蔵を襲名する。寛政三（一七九一）年、十四歳で團十郎を襲名すると、「助六」で大当たりを取るなどして、将来を嘱望されたが、寛政十一（一七九九）年、風邪をこじらせ、わずか二十二歳で急死してしまう。

六代目が亡くなった翌寛政十二（一八〇〇）年、五代目の娘の子・ゑび蔵が、十歳で七代目團十郎を襲名する。六代目にとっては甥に当たる。

追放された父

七代目團十郎は、襲名から六年後には、祖父を亡くし、後ろ盾を失うが、文化・文政期の名優たちに揉まれながら芸を磨いた。

文化八（一八一一）年、市村座での歴代の追善興行の際に「助六」を初演したのを契機として急激に人気が出た。この頃、舞台で着た衣装に「鎌輪《かまわ》ぬ」の文様を付けると、これが江戸中で大流行し、その後、團十郎を代表する文様となった。

歌川豊国「七世市川團十郎の関兵衛」

ありとあらゆる役をこなす芸域の広い役者だったが、「荒事」と共に、写実的な演技術が求められる町人社会の人間模様を描いた「世話物《せわもの》」でも力を発揮した。中でも、四代目鶴屋《つるや》南北《なんぼく》の代表作「東海道四谷怪談《とうかいどうよつやかいだん》」の民谷伊右衛門《たみやいえもん》は評判だった。

天保三（一八三二）年、子の六代目海老蔵に八代目團十郎を継がせる。まだ十歳だった。自身は五代目海老蔵を名乗った。この時、家に伝わる「荒事」の演目十八種を「歌舞伎狂言組十八番《かぶききょうげんくみじゅうはちばん》」と題した摺物《すりもの》に仕立て、贔屓客に配った。歴代が積み重ねて来たことの集大成と言える。これが、やがて「歌舞伎十八番」と言われるようになる。

「家の芸」を集めたにもかかわらず「團十郎狂言組十八番」や「成田屋狂言組十八番」となっていないのは、「團十郎」という名跡は、歌舞伎そのものであるという自負心からだろう。結果的に、團十郎という名跡が、歌舞伎界の最高峰に位置することを人々に強く印象付けた。これは、八代目の最大の功績だ。

天保十一（一八四〇）年、海老蔵となっていた七代目は、河原崎座で催された初代團十郎没後百九十周年追善興行で、能の様式を取り入れた「松羽目物《まつばめもの》」の代表となる「勧進帳」を初演する。

初代以来、弁慶《べんけい》の安宅《あたか》の関での逸話を素材として、様々な演目が作られていたが、その決定版となった。

しかし境遇は一気に暗転する。天保十三（一八四二）年、「質素倹約」を掲げた「天保の改革」の嵐が吹き荒れる中、海老蔵は、南町奉行所《みなみまちぶぎょうしょ》から、江戸《えど》十里四方処払《じゅうりしほうところばら》いを言い渡される。理由は、「奢侈禁止令」に触れる身分不相応な生活と、本物の甲冑の舞台における使用というものだった。

南町奉行は鳥居耀蔵《とりいようぞう》だった。老中首座・水野忠邦の腹心として、改革を忠実に実行した。改革に批判的で水野に煙たがられていた南町奉行・矢部定謙《やべさだのり》を策略で失脚させ、後釜に座った。

その苛烈を取り締まりから「マムシの耀蔵」と恐れられたり、名の「耀蔵《ようぞう》」と官職の「甲斐守《かいのかみ》」を組み合わせて、「ようかい（妖怪）」と揶揄されたりした。

低い身分にもかかわらず、裕福だった人気役者は、前々から目の敵にされていた。中でも、江戸中に、その名を知られていた上、豪勢な暮らしぶりが目立っていた團十郎を厳しく処罰することにより、町人たちへの見せしめにしようとしたのだった。

これによって海老蔵は、江戸の舞台に立つことができなくなった。「成田屋七左衛門」と改名し、成田山新勝寺の延命院《えんめいいん》に蟄居した後、容易に許されないことが解ると、西へ向かって旅立つ。道中、「幡谷重蔵《はたやじゅうぞう》」の名で舞台に立つなどした。大坂へ着くと、市川海老蔵に戻し、八年もの間、畿内一円を旅回りして歩く。

赦免され、嘉永三（一八五〇）年に江戸に戻ったが、留守の間に、すっかり人気は落ちてしまうっていた。舞台を諦め切れず、再び旅立ち、「幡谷重蔵」や「二代目市川白猿《いちかわはくえん》」の名で、畿内を中心に旅回りを続ける。安政五（一八五八）年、久しぶりに江戸に戻り舞台に立った後、翌年に亡くなる。

自殺した兄

父・海老蔵が「江戸十里四方処払い」の処分を受けたのは、八代目團十郎が、二十歳の時。一人で江戸の歌舞伎界を率いることとなる。

父に代わって家を守る親孝行者として幕府から讃えられ、褒美を与えられたことをきっかけに、人気は爆発的になった。「助六」で身を沈めた桶の水が「美顔水」として、徳利《とっくり》に入れて売り出されると、飛ぶように売れたほどだ。

「男振りはすぐれて美男子といふにあらねど、いはゆる粋で高等で人柄で、色気はこぼれる程あれどもいやみでなく、すまして居れども愛嬌があり」（「歌舞伎」一九〇一年十二月号、歌舞伎発行所）と評された。

安政元（一八五四）年夏、旅回りの途中で名古屋にいた父の元を訪ね、一緒に舞台に立ち、大当たりを取る。その後、大坂でも舞台に立つことになり乗り込む。ところが、初日の朝、泊まっていた宿の一室で喉を突いて自殺する。三十二歳だった。

動機は不明だが、派手な暮らしぶりで父が作った多額の借金を返済するため、図らずも大坂の芝居小屋に出演することになってしまい、江戸の座元への義理が立たず、板挟みになって悩んでいたなどの説がある。役者の訃報を知らせ、併せて追善するため、生前の姿を描いた「死絵《しにえ》」が三百種類も出た。

八代目團十郎は独身で、継ぐ者がおらず、しばらくの間、團十郎の名跡は空白の時を迎える。

江戸時代、團十郎の代々が積み重ねて来た家の歴史には、重さと共に、陰影がある。「刺殺」「追放」「自殺」「若死」といった陰があることによって、團十郎という名跡は、強烈な光を放つ。

「死絵　八代目市川團十郎」

3　遊郭と魚河岸

吉原

江戸の遊郭の中でも、最大で最高の格式を誇ったのが吉原。「岡場《おかば》所《しょ》」と呼ばれる幕府非公認の遊郭は、品川、内藤新宿《ないとうしんじゅく》、板橋、千《せん》住《じゅ》などにもあったが、公認だったのは、幕末に根津遊郭が加わるまで吉原だけだった。

吉原遊郭は、始め現在の人形町にあった。幕府が、点在していた遊女屋を一か所に集めることを認め、元和三（一六一七）年、幕府公認の遊郭ができた。その名の通り葦が生えていたことから「葦原《よしわら》」と呼ばれていたが、吉祥文字に改め「吉原」とした。

桃山時代に、お国が野外で興行を始めた歌舞伎は、やがて遊女たちも演じるようになる。始めは客引きのために遊郭の中だけだったのが、興行として大々的に野外でも行われるようになる。女歌舞伎の人気は江戸にも飛び火し、吉原でも興行が行われた。

やがて年若い男たちが演じる若衆《わかしゅ》歌舞伎が生まれる。寛永元（一六二四）年、京橋の中橋新地《なかばししんち》にできたのが猿若勘三郎《さるわかかんざぶろう》を座元とし、「若衆歌舞伎」の興行を行う猿若座《さるわかざ》。江戸の芝居小屋の草分けで、後に中村座と名を変え、「江戸三座」の一つとなる。

風紀の乱れを恐れた幕府は、寛永六（一六二九）年に女歌舞伎の禁止令を出し、歌舞伎の人気は若衆が独占する。

猿若座は、できてから八年ほどで移転する。その先こそが、禰宜町《ねぎちょう》。ここは、吉原と隣接していた。江戸時代の初めから、芝居小屋と吉原は、繋がりが深かった。

承応元（一六五二）年には、歌舞伎の興行そのものが、禁止されるが、「若衆」を出さない、「物真似狂言尽くし《ものまねきょうげんづくし》」にすることを条件に再開を許される。「物真似狂言尽くし」とは、それまでの色を売るような舞踊ではなく、物語性がある芝居を見せるようにするということだ。

浅草へ

吉原の遊郭は、明暦三（一六五七）年の「明暦《めいれき》の大火」で被災したのをきっかけとして、幕府から浅草への移転を命じられる。この頃には、吉原の周りには町屋が増え、いつの間にか、江戸のど真ん中になっていた。町の風紀を乱すのを嫌った幕府は、人里離れた土地へ遊郭を追いやろうとしたのだ。これによって、それまでの吉原は「元吉原」と呼ばれるようになる。

新しい吉原は、二百七十×三百六十メートルほどの町で、「おはぐろどぶ」と呼ばれる堀で囲われていた。堀の外は田畑が広がっていて、出島《でじま》のように周囲から隔絶された空間だった。

見返り柳の先、田畑の中を通路のように吉原へ向かって斜めに伸びる道の両側には外茶屋が並ぶ。そこを抜けると吉原の入口・大門《おおもん》にたどり着く。その先には、大通りの仲之町通《なかのちょうどお》りが、真っすぐに伸びる。通りの両側には、格式が高い妓楼《ぎろう》に上がるための段取りや、馴染みでない客の案内、客が休憩したりするための引手茶屋《ひきてぢゃや》が並ぶ。その背後に、大小たくさんの妓楼が、積み木を詰めるようにぎっしりと詰まっていた。

華やかな町・流行の発信基地

吉原では客寄せのため、季節ごとに催しがあり、遊女と遊ぶ男だけでなく、女や子どもも訪れた。粋人で知られた大和・郡山《こおりやま》藩主の柳沢信鴻《やなぎさわのぶとき》は、吉原に、よく足を運んでいたが、そこで他の大名の奥方の一行を見掛けたり、自らも側室を伴ったりしたことを日記に書き残している。

中でも人気があったのが、春の花見、お盆の「玉菊燈籠《たまぎくどうろう》」、秋の「俄《にわか》」だった。

花見と言っても、吉原の中に桜が植えられていた訳ではない。春になると、咲き頃の根付きの桜の木を大量に運んで、仲之町通りの真ん中の植え込みに、ずらりと仮植した。突然、見頃の桜並木が出現するという趣向だ。費用は、検番《けんばん》・茶屋・妓楼など吉原内の店が負担したが、植えるだけで総額百五十両も掛かったと言われる豪勢なものだった。柳沢信鴻が、側室を連れて行ったのは、この時の夜桜見物だ。

お盆には、画家や書家が手掛けた「玉菊燈籠」が、一か月にわたって、茶屋の軒先に吊るされる。ここには、うちの店は、こんな有名人が馴染みなのだ、といった自慢の意味も含まれていたことだろう。吉原にいた「玉菊」という遊女が死んで、三回忌の年のお盆に、供養のために吊るされたのが始まり。玉菊は、河東節《かとうぶし》の名手で、人柄も良かったとされるから、慕っていた人が多かった。

「俄」が始まるのは八月一日。この日は「八朔《はっさく》の日」でもある。八月一日は、新暦だと九月中旬。秋の入口にあたり、古くから収穫の喜びを分かち合う行事が行われていた。「俄」は、三十日にわたり晴天の日だけ行われた。芸者や幇間《ほうかん》たちが、通りに設けられた舞台で芝居を演じたり、仮装して練り歩いたりした。

この華やかさに多くの人が集まったが、男たちが遊ぶとなると、吉原は「岡場所」と比べると高かった。段取りにも手間が掛かった。金と時間に余裕がある武士や町人が行く場所だった。吉原では俳諧・茶の湯・活花・小唄・踊りなど、様々な文化を媒介として遊女と遊んだ。吉原では野暮《やぼ》は嫌われ、通人が好まれた。通人たちが集まることで、流行が生まれた。「籠釣瓶《かごつるべ》」「明烏《あけがらす》」「揚屋《あげや》」など、歌舞伎には吉原を舞台とした演目が数多くある。これは、吉原が江戸一番の華やかな町で、通人の集まる流行の発信基地だったからだ。

「助六」の舞台

「助六」は、吉原が舞台。

「春霞《はるがすみ》、たてるやいづこみ芳野の、山口三浦うら〳〵と、うら若草や初花に、和らぐ土手を誰がいふて、日本めで度《たき》国の名の、豊葦原《とよあしはら》や吉原に、根ごして植し江戸ざくら……」

河東節が入ると、華やかな吉原の情景が浮かび上がる。

歌詞の中に出てくる「山口三浦」とは引手茶屋の「山口巴」と妓楼の「三浦屋」のことだ。桜が調達できる季節に「助六」が出る時は、吉原を模して、芝居小屋の回りにたくさんの桜が仮植された。

吉原では、位の高い遊女である「花魁《おいらん》」は、引手茶屋で待つ客を迎えに、大勢の男衆や遊女を引連れ「道中」する。「花魁」は、鼈甲《べっこう》や象牙《ぞうげ》に蒔絵を施した簪《かんざし》・櫛・笄《こうがい》や金糸・銀糸をふんだんに使った帯・打掛《うちかけ》で着飾った。正月の装いは、一段と豪華で、「助六」の揚巻《あげまき》の衣装は、そ

歌川国貞「助六由縁江戸桜」

れを模している。

團十郎が演じる時は、揚巻を演じる女形と一緒に、揃いの「比翼紋《ひよくもん》」の付いた羽織を着て出向いた。返礼として、舞台で助六が持つ蛇の目傘と小道具として使う箱提燈《はこぢょうちん》が贈られた。

芝居の幕が開くと、吉原の茶屋や妓楼の主人たちが、揃って見物する「総見《そうけん》」があり、興行を後押しした。

役者は、馴染みであったばかりではない。初代市川猿之《いちかわえんの》助《すけ》の母は、吉原の妓楼・澤瀉楼《おもだかろう》の娘。舞踊家でもあり、初代花柳寿輔《はなやぎじゅすけ》の高弟だった。

「二大悪所」と言われた遊郭と芝居町は、華やかさという共通の色彩を持った現実と虚構の世界、様々な芸能、人間関係が、複雑に絡み合いながら、切っても切れない関係を保っていた。

日本橋魚河岸

徳川家康が入った頃、江戸にも漁師はいたが、急速な人口の増加に対応できるほどの数ではなかった。

そこで、摂津《せっつ》の佃《つくだ》・大和田《おおわだ》の漁師たち三十人余りを江戸に呼び寄せ、江戸城や大名屋敷に魚を納める代わりに、余った魚を市中で売りさばく特権を与えた。やがて埋め立てが進むと、日本橋川沿いの河岸に市場ができ、「魚河岸《うおがし》」と呼ばれるようになった。これが、関東大震災で壊滅的な被害を受け、築地に移転するまであった日本橋魚河岸だ。

江戸時代、魚市場は、鮮魚を扱う市場と塩干魚《えんかんぎょ》を扱う市場に分けられていた。江戸には四か所の魚市場があったが、鮮魚と塩干魚の両方を扱うことができたのは日本橋だけだった。

歌舞伎の大贔屓

日本橋の魚問屋のほか、川向こうの四日市にあった塩干魚問屋、神田・多町《たちょう》と京橋・大根河岸《だいこんがし》の青物問屋《あおものどんや》、浅草・花川戸《はなかわど》の下駄・傘問屋は「五ヶ町《ごかちょう》」と称され、江戸歌舞伎の大贔屓だった。

この「五ヶ町」に対しては、折々の挨拶が欠かせなかった代わりに、「連中《れんちゅう》の総見」といって大勢で見物してくれたり、幕ごとに変えても掛け切れないほどの引幕が贈られたりした。

「連」とは、同じ楽しみを持つ者の集まり。歌舞伎の世界では、同業者など親しい者同士が、「○○連」を作り、揃って見物に出掛けた。「五ヶ町」の中にも、いくつもの「連」があったが、力が強く、取りまとめ役に話を通すと、たとえ入りの悪い興行でも、必ず芝居の札を売り捌いてくれた。

歌川広重「東都名所　日本橋魚市之図」

「五ヶ町」の存在なくして、江戸歌舞伎は経済的に成り立たなかった。

中でも、日本橋魚河岸と團十郎家は関わりが深かった。團十郎が、江戸を留守にする時は、魚河岸の了解を得た上で旅立たなければならなかった。

「助六」と河東節

「歌舞伎十八番」の一つ、「助六」を演じる時は、必ず日本橋魚河岸へ挨拶に出向くのが習いだった。行くと、祝いとして、助六が頭に締める江戸紫の縮緬《ちりめん》の鉢巻と下駄が贈られ、これを舞台で使った。

團十郎や海老蔵が「助六」を演じる時に限り、語り物の一種の河東節が、舞台正面の妓楼・三浦屋の紅殻《べんがら》の大格子の中で演奏される。河東節は、半太《はんだ》夫節《ゆうぶし》を稽古した江戸《えど》太《だ》夫河《ゆうか》東《とう》（十寸見《ますみ》河東《かとう》）が、江戸中期の享保年間に広めた。河東は、魚問屋の出。その後、河東節は「五ヶ町」に匹敵する贔屓筋だった蔵前《くらまえ》の札差《ふださし》の旦那芸として受け継がれたが、「江戸太夫河東」の名跡は、日本橋魚河岸が預かっていた。

旦那連中が演奏する訳だから、河東節が入る前に、肩衣《かたぎぬ》を付けた門弟が出てきて、正座をして口上《こうじょう》を述べ、「河東節御連中様どうぞお始め下されましょう」と、丁寧に声を掛けるのが習いになっていた。

第三章

「文化人」への道

1　若太夫

河原崎座の養子

九代目團十郎は、天保九（一八三八）年十月十三日、七代目團十郎の五男として生まれた。庶子であったため、生まれるとすぐに、河原崎座の座元・六代目河原崎権之助《かわらさきごんのすけ》に乞われて養子となり、若太夫の幼名である長十郎《ちょうじゅうろう》という名を与えられた。

権之助は二十代半ばで、まだ独り身。母のお常《つね》と二人暮らしだった。それにもかかわらず養子に迎えたのは、歌舞伎界を代表する存在だった「市川宗家」と縁を結びたいという思惑があったからだった。

河原崎座は、江戸三座の一つ、森田座の控櫓。万が一、借金や火事などで、森田座が興行できなくなった時、再興されるまでの間、代行することが決められていた。ちょうどその頃は、借金で立ち行かなくなった森田座の代わりに座元をしていた。

権之助は、やり手の野心家ではあったが、義理堅く剛毅な一廉《ひとかど》の人物だった。芝居関係者にしては珍しく、遊びらしい遊びもしない真面目な性格でもあった。

この男が、「市川宗家」から養子を迎えたのは、単に縁続きになろうとしただけではなかった。芝居の世界における最高の血を掌中に納めたかったのだ。

かつては、座元が役者を兼ねることもあった。権之助は、興行師として、自らの手で、一から理想の役者を育てたい、という欲望に駆られた。しかし、これは金が目的ではなかった。それを生み出すこと自体に、計り知れない魅力を感じていたのだ。

長十郎は、忙しい権之助に代わって、お常に育てられた。役者としても通用するよう、幼い時から、踊り・長唄・三味線・箏曲など、毎日、朝早くから夜遅くまで、師匠の元を連れ回された。それは、時折、顔を出す團十郎も驚くほどの厳しさだった。殺されてしまうのではないかと心配する團十郎に、お常は「お前さんの所では子供を砂糖樽につけて置くからいけない。こゝでは砂糖樽にも唐辛子が入れてある」（伊原敏郎『明治演劇史』鳳出版、一九七五年）と答えたという。

團十郎が実の父とは知らなかった長十郎は、その人を優しいおじさんだと思っていたという。芸事だけでなく、書・茶の湯の稽古や漢学まで学ばせた。これが、後に役者らしからぬ教養人然とした九代目團十郎の人間性を育《はぐく》んだ。

初舞台

弘化二（一八四五）年一月、八歳の長十郎は「魁《さきがけ》源氏《げんじ》曾《そ》我《が》手始《のてはじめ》」で、「小奴升平《こやつこますへい》・源太丸《げんたまる》」に扮し初舞台を踏む。この時は、実兄の八代目市川團十郎も一緒だった。

嘉永二（一八四九）年四月、十二歳の時、「仮名手本忠臣蔵《かなでほんちゅうしんぐら》」の足利直義《あしかがただよし》で、子役を脱し、初めて立役として舞台に立つ。

嘉永五（一八五二）年に将軍に男子が生まれ長吉郎《ちょうきちろう》と名付けられたことから、「長」の字を憚り、初代河原崎権十郎と改名する。

八代目だった実の兄が、嘉永七（一八五四）年に自殺すると、数多い兄弟の中でも、役者の道を歩んでいたのは権十郎一人で、自然と次の團十郎と目されるようになる。将来を見越して、権之助は、権十郎に大役を付けるようになる。

安政二（一八五五）年十月に起こった、いわゆる「安政の大地震」で、猿若町の「江戸三座」は揃って焼失する。これを契機として、予《かね》てから関係者の間で揉めに揉めていた森田座再興の許しが幕府から出た。「森の下に田んぼ」の「森田」では、陽当たりが悪く不作に通じると、ゲン担ぎから「守田座」と改名のうえ再興し、これによって控櫓である河原崎座は休座に追い込まれた。

市村座へ

それでも金も力もあった権之助は、そう易々と猿若町を出て行くことはなかった。今度は、市村座の金主《きんしゅ》として再建を手助けし、守田座に対抗した。権十郎も、役者として市村座に移った。後に、「黙阿弥」として名を残す二代目河竹新七も、座付作者として行動を共にする。

市村座の座元は、十三代目市村羽左衛門《いちむらうざえもん》。後に五代目尾上菊五郎として、九代目市川團十郎と共に、明治の歌舞伎界を牽引することとなる。まだ十代で役者を兼ねていた。

市村座には、後に人気役者となる五代目坂東彦三郎がいて、市村座に残っていた七代目市川團十郎の弟子・四代目市川小團次《いちかわこだんじ》も移って来た。小團次は、新七《しんしち》と組んで「三人吉三廓初買《さんにんきちさくるわのはつがい》」など、盗賊を主役とした「白浪物《しらなみもの》」で一世を風靡することになる。

かつては役者が座元を兼ねることも珍しくなかったが、興行が大掛かりになり、複雑化して来ると、それは、もう難しくなっていた。専門的な知識と経験が必要だったからだ。羽左衛門には、荷が重かった。金を出していたこともあり、実質的に座を差配したのは権之助だった。

花形役者に成長

安政六（一八五九）年三月、権十郎の実父・七代目市川團十郎が亡くなると、権之助は想を練り、一本の芝居を作らせ、六月の興行に掛ける。楠木正成《くすのきまさしげ》を題材とした「楠 明王丸《くすのきみょうおうまる》」だ。正成の遺児・明王丸が、忠義の家来・杉本左兵衛《すぎもとさへえ》に助けられ、立派に楠家再興を果たすという筋。明王丸に権十郎、左兵衛に市川小團次が扮した。小團次は、権十郎の指南役でもあった。市川宗家を楠木家、権十郎を明王丸、小團次を左兵衛に見立てた趣向。小團次が、権十郎を盛り立て、「團十郎」の名跡を復活させることを暗示していた。

すでに、「九代目」襲名への期待が、沸々と湧き上がって来ていた。

しかし、実力は、まだまだだった。顔色が青白く「青瓢簞《あおびょうたん》」と綽名《あだな》されることもあった。翌年には、小團次が守田座へ去り、代わって座頭《ざがしら》となった四代目中村芝翫《なかむらしかん》とは折り合いが悪かった。

それでも、「團十郎」という名跡が後ろに控えていて、それ相応の役が付き続けた。「鞘当《さやあて》」の名古屋山三《なごやさんざ》、「対面《たいめん》」の曾我五郎、「菅原伝授手習鑑《すがわらでんじゅてならいかがみ》」の梅王丸《うめおうまる》・源蔵《げんぞう》、「白浪五人男《しらなみごにんおとこ》」の初演では羽左衛門の弁天小僧に対し忠信利平《ただのぶりへい》、「関の扉《せきのと》」では関兵衛《せきべえ》・宗貞《むねさだ》・墨染《すみぞめ》を芝翫と日替わりで演じた。「歌舞伎十八番」の「勧進帳」の弁慶や「助六」を初めて演じたのも、この頃だ。

文久三（一八六三）年、権十郎は市村座を出て、五代目坂東彦三郎が座頭の中村座へ移るが、その後、しばらくは市村座との間を年ごとに行き来しながら、「国性爺合戦《こくせんやかっせん》」の和藤内《わとうない》、「夏祭」の団七《だんしち》、「忠臣蔵」の塩冶判官《えんやはんがん》・力弥《りきや》・勘平《かんぺい》、「義経千本桜《よしつねせんぼんざくら》」の権太《ごんた》など主要な役を演じる。二十代半ばから三十歳に差し掛かるまでの間、役者としての成長期に、多くの役をこなした権十郎は、花形役者として成長していく。

2 権之助

慶応四（一八六八）年は、一月に入るとすぐに鳥羽《とば》・伏見《ふしみ》の戦が起こり、将軍・徳川慶喜《とくがわよしのぶ》が大坂城から軍艦で逃げ帰って来る。すぐに新政府軍が押し寄せるが、江戸城は無血開城。江戸は「東京」となり、「明治」に改元される。目まぐるしい一年だったが、それでも芝居小屋は、一時を除き興行を続けた。

明治に入ったからといって、社会や人々の生活は、そう急に変わらなかった。それから数十年にわたり、グラデーションのように徐々に変化していく。

この数十年は、近世と近代のはざまの時代と言っても良いだろう。

このはざまの時代の入口である明治元（一八六八）年、歌舞伎界を担っていたのは、どのような顔ぶれだっただろうか。

座頭格の立役には、初代坂東亀蔵《ばんどうかめぞう》、五代目坂東彦三郎、四代目中村芝翫、立女形には、二代目尾上菊次郎、二代目岩井紫若《いわいしじゃく》（後の八代目岩井半四郎《いわいはんしろう》）、三代目澤村田之助《さわむらたのすけ》がいた。中でも、彦三郎と芝翫の人気は群を抜いていた。

亀蔵は六十代の終わり、菊次郎は五十代半ば、彦三郎・芝翫・紫若は四十前後で、田之助は飛び抜けて若く二十代半ばだった。

他に、立役には六代目市川團蔵《いちかわだんぞう》・三代目關三十郎《せきさんじゅうろう》・三代目中村仲蔵《なかむらなかぞう》という六十代の三人、女形では四十代の終わりに初代市川新車《いちかわしんしゃ》（後の五代目市川門之助《いちかわもんのすけ》）がいた。

さらに若手では、三十を出たばかりの河原崎権十郎と二代目澤村訥升《さわむらとっしょう》（後の四代目助高屋高助《すけだかやたかすけ》）、その六歳ほど下に市村羽左衛門がいた。

養父の死

養父の権之助は、幕府に対し、浅草移転前に河原崎座があった木挽町《こびきちょう》での再興を願い出ていたが、幕末の混乱もあり、認められることはなかった。

その権之助に、明治元（一八六八）年九月二十三日、思わぬ不幸が降り掛かる。押し入った強盗に殺されたのだ。その場には、権十郎もいた。

翌年三月、権十郎は、河原崎座の座元の名跡である「河原崎権之助」を七代目として襲名する。同時に、初めて市村座で、座頭として役者を率いることになる。ほぼ同じ頃、市村羽左衛門は座元の名跡を弟に譲り、五代目尾上菊五郎として役者一本になり、中村座へ移り座頭となった。守田座の座頭は、二代目澤村訥升。それまで人気を競っていた坂東彦三郎と中村芝翫の間に、若手三人が割って入った。新時代の到来と共に、世代交代が起こっていたのだ。

明治四（一八七一）年一月、権之助は、河竹新七作の「児雷也《じらいや》」で、初めて守田座に出演する。先代同士は、座の復興をめぐり激しく争ったが、お互い代替わりし和解したのだった。

座元の守田《もりた》勘彌《かんや》は、百姓生まれで役者上がりの父が、実質的に守田座の経営を肩代わりして成果を上げたことから、養子として十二代目を継いだ。父譲りで才覚はあったが、型破りで、何かと波紋を呼ぶこともあった。

守田座には、尾上菊五郎も、勘彌に誘われて入った。ここで、のちに歌舞伎界で並び称せられる「團菊《だんきく》」の名跡を担う二人の役者が、一つの座に揃った。

翌年に掛け、権之助は、守田座に出演し続けるが、思わぬ事態に巻き込まれる。維新の後、政府は、これまで猿若町に押し込めていた「江戸三座」を他に移転させようとするが、各座とも、慣れた土地から、なかなか動こうとはしなかった。その中で、政府の意向に真っ先に従ったのが、目端の利いた守田勘彌だった。守田座は猿若町を出て、明治五(一八七二)年十月、京橋・新富町に新たに開場する。

しかし、これが日本橋魚河岸連の怒りを買う。勘彌が何の相談もなく、移転を決めたことにへそを曲げたのだった。魚河岸は、江戸歌舞伎を支えて来たという自負があった。代々の團十郎も、江戸を留守にする際には、魚河岸に挨拶してから旅立った、と言われるほどだ。

怒りに恐れ慄《おのの》いた権之助は、守田座への出演を取り止め、市村座へ戻る。

芝居小屋から「劇場」へ

河原崎座は、十四年前に焼失したまま、あのやり手の養父でさえ再興できず、権之助も「座元」と言っても名ばかりだった。養父の遺志を継いで、権之助も、新政府を対し、再三、再興を願い出るが、中々認められず、一旦は諦めていた。

しかし風向きが変わる。

財政がひっ迫していた政府は、税収を上げるため、鑑札料《かんさつりよう》および興行収入に応じた課税と共に、中村・市村・守田座の「江戸三座」に限られていた「大芝居」の小屋の枠を拡大しようとする。明治五（一八七二）年九月、東京府令で、「大芝居」の小屋は「劇場」とされ、その興行を希望する者は出願するよう促す。

「江戸三座」のほかに、従来の「小芝居」や人形芝居の小屋からの転換や新規の出願もあり、翌年には、合計十座が政府公認の「劇場」となり、従来の「大芝居」の仲間入りをした。権之助の河原崎座も、その中に入っていた。

十座は次の通り。

中村座、市村座、守田座、中島座、喜昇座《きしようざ》、薩摩座、奥田座、桐座《きりざ》、辰巳座《たつみざ》、河原崎座。

しかし、この十座のその後を追うと、廃座になったり、座元や座名の変更を繰り返したり、と浮沈は激しい。

その一方で、「劇場」とは認められていない「小芝居」の小屋も、依然として残った。これらは、法的には、滑稽な見世物を見せる場にしか過ぎない、として「道化《どうけ》踊場《おどりば》」と位置付けられた。

3 「市川宗家」へ復帰

團十郎襲名と新しい試み

権之助は、河原崎家に養子に入っていた妻の甥に名跡を譲り、自身は「河原崎三升《かわらさきさんしょう》」と改名する。「三升」は、歴代の團十郎が、俳号として使っていた名前。座元兼業を止め、役者一本で、「市川宗家」への復帰の意欲を表わしたものだ。

明治七（一八七四）年七月、芝・新堀に河原崎座が再興された。これを置き土産に河原崎家を離れ、九代目市川團十郎を襲名し、柿落し興行には座頭として臨んだ。これで、二十年ぶりに、やっと「團十郎」の名跡が復活した。三十七歳の時だ。

この時、新作の「新舞台《しんぶたい》巌《いわおの》楠《くすのき》」を出し、楠木正成・児嶋高徳《こじまたかのり》（備後《びんご》三郎《さぶろう》）を演じた。この演目では、後の「活歴《かつれき》」を彷彿とさせるような派手さを抑えた演技をすると同時に、大胆な演出も試みた。幕切れで、柝《き》を入れなかったのだ。「たかが柝」と思うかもしれないが、それまで歌舞伎では、柝が入るのが常識だった。見た人は、何か締まらない感じを受けたかもしれない。

柝を入れないという演出は、これまですでに試みてはいたが、あえて襲名という大舞台でも行ったということは、歌舞伎の改良へ向けての高らかな宣言だった。

團十郎は、自宅に本物の甲冑・刀剣・弓矢を集め、「有職故実《ゆうそくこじつ》」の専門家に教えを受けていた。歌舞伎から荒唐無稽さを排し、史実に沿ったものにしようとしていたのだ。演技も、誇張せず写実を重視した。

河原崎座の消滅

しかし、團十郎の意欲に反して、新たな演技術や演出は観客には受け入れられなかった。立地の悪さや座元となった甥の能力不足などもあり、不入りが続き、折角、再興した河原崎座だったが、すぐに経営が立ち行かなくなり、消滅してしまう。團十郎も、多額の借金を負い、それを返済するために旅回りをしなければならなくなった。

明治九（一八七六）年九月、團十郎は、座元の守田勘彌に招かれ、前年に守田座から名を改めた新富座に出演する。しかし、新富座は、直後の十一月に貰い火で焼失し、勘彌は負債を抱え込む。

團十郎は、再び旅回りに出るが、一年を経て東京へ戻って来ると仮小屋の新富座で、実質的に座頭を勤めるようになる。

4　演劇改良

「西郷芝居」

明治十一（一八七八）年二月、團十郎は、前年に起こった西南戦争を題材として河竹新七が書いた「西南雲晴朝東風《おきげのくもはろうあさごち》」で、西郷隆盛《さいごうたかもり》を演じ、大当たりを取る。いわゆる「西郷芝居」と呼ばれるものだ。江戸時代、赤穂浪士《あこうろうし》が討ち入りすると、すぐに舞台に掛けた歌舞伎らしい早業だった。

戯作者から新聞記者になっていた仮名垣魯文《かながきろぶん》は、團十郎のことを西郷の号「南洲《なんしゆう》」になぞらえ、「團州《だんしゆう》」と書いた。本人も、これを気に入り、「團州」の号を使うようになる。

この興行は大当たりで、勘彌は、莫大な利益を上げる。それを聞きつけた債権者が、返済を求め、訴訟を起こすが、それを巧みにかわしながら、新富座の再建に乗り出す。

ガス燈ともる新富座

新しい新富座は、「江戸三座」では格式の高さの象徴だった正面の「櫓《やぐら》」を止め、破風《はふ》の下に守田家の家紋を金メッキして打ち付けた。役者の看板も簡素にした。大・中・小と四十二軒もあった芝居茶屋を大茶屋十六軒だけに減らした。

最も画期的だったのは、初めて劇場の場内にガス燈を導入したことだ。ガス会社は、ガス燈の導入は、街頭を明るくするのが目的で、それがまだ整備されていない中で、劇場の中に引き込むのは時期尚早だとして難色を示したが、宣伝のためと押し切り、実現した。ガス燈は、新富座が、それまでの「芝居小屋」に代わる「劇場」であることを示していた。明治二十二（一八八九）年に歌舞伎座が開場するまでのしばらくの間、新富座が歌舞伎の中心となり、この時代を代表する役者たちも、自然とここに集まった。

明治十一（一八七八）年六月七・八の両日にわたって行われた新富座の開場式は、「国家行事」と言っても良いほど盛大なものだった。内閣制度が誕生する前に新政府の長である太政大臣・三《さん》条《じょう》実美《さねとみ》ら政治家や各界の名士数千人の招待者が詰め掛けた。

ここで役者は、「俳優」として振る舞った。女形は従来通りの羽織袴だったが、立役は、他の列席者と同様に燕尾服に身を包んで出席した。作者の河竹新七も、燕尾服を着て前列の端に並んだが、洋服に袖を通したのは、長い人生において、この時一度切りだった。

陸・海軍の軍楽隊が、相次いで演奏。それが終わると、勘彌が、中央に進み出て立礼。勘彌を中心として、團十郎・菊五郎を始めとした「俳優」が、三列にわたって並んだ。

決意表明

菊五郎が勘彌の式辞を代読した後、「俳優」を代表して、團十郎が祝辞を読み上げた。

顧るに近時の劇風たる、世俗の濁《にご》りを汲み、鄙陋《ひろう》の臭を好む、彼の勧懲《かんちょう》の妙理を失ひ、徒《いたずら》に狂奇のみ是れ陥り、其下流に趣く、蓋《けだ》し此の時より甚だしきはなし。團十郎深く之を憂ひ、相与に謀りて、奮然此の流弊を一洗せん事を冀ひ、稍《やや》前日の観を改むるの時に当りて、恰《あたか》も此の場に登るの喜びにあひ、将に須《すべから》く社主の望む所を体し、来観の紳縉をして、演劇もまた無益の戯れに非ずと言はしめ、永く此の場をして、明治の太平を粧飾《しょうしょく》するに足らしむるを期すべし。（木村錦花《きむらきんか》『守田勘彌 近世劇壇変遷史』新大衆社、一九四三年）

祝辞の原稿を書いたのは、政府系の新聞「東京日日新聞」を発行する日報社社長として政界と太い人脈があった福地源一郎（桜痴）だったが、要旨は、團十郎の意に適うものだった。文章は、漢文調の難解なものだったが、つまりは、それまでの大衆の好みに合わせた「娯楽」だったものを改良して、近代国家に相応《ふさわ》しい「芸術」へ脱皮させようというものだった。

式辞は、「演劇改良」の実現へ向けての團十郎の決意表明とも言えるものだった。

政治家との懇談会

これは、「西郷芝居」が終わってすぐに、芝居好きだった内務官僚の松田道之《まつだみちゆき》が音頭を取って開いた伊藤博文《いとうひろぶみ》ら政治家・官僚や依田百川《よだひゃくせん》（学海《がっかい》）ら学者との懇談会で示された「演劇改良」についての考え方に沿っていた。

懇談会は、松田邸で開かれ、團十郎・菊五郎ら役者四人と勘彌が顔を出した。堅苦しくはなく、酒も出て、ざっくばらんな雰囲気の中で行われた。伊藤は、欧米の「演劇」は高尚で、「俳優」も教養があるとして、日本もそれを見習うべきであると説いた。

外務官僚の光妙寺三郎《こうみょうじさぶろう》が、ヨーロッパでは、劇場は帝室の保護のもとにあり、かなりの補助金が出ていることを例に、いずれ日本でも、そのようになると力説すると、勘彌が、身を乗り出した。話を聞いた勘彌は、その時には、政府の中で、劇場を担当する部署ができると踏んだ。その部署を自分が仕切れるようにするためには、力のある官僚や学者との人脈を築かなければならないと考えた。

新富座の開場式に、政府の有力者たちが挙って集まったことについて、福地は「世の中に芸妓や女郎を買って、多くの金をつかふ奴はあるが、金をウンと出して、政府の役人を買ふ奴は、恐らく勘彌の外一人もあるまい」（木村錦花『守田勘彌 近世劇壇変遷史』）と呆れ気味に評している。

團十郎は、もっと純粋だった。以前からの自分の考えとも一致していて、それが正しいことであると確信が持て、励みともなった。

「活歴」

これを契機として、團十郎は、勘彌と共に歌舞伎の改良を推し進めていく。

新富座の開場した六月興行の演目には、新作の「松栄《まつのさかえ》千代田神徳《ちよだのしんとく》」が入っていた。この演目は、勘彌の肝いりだった。『三河《みかわ》後風土記《ごふどき》』をもとにし、まだ将軍家を憚り「家泰」と名を変えてはいる。徳川家康を主役とした河竹新七の作だったが、依田百川（学海）からこと細かに助言を受けた。依田は、松田道之と共に、稽古にも立ち会った。

團十郎は、主役の徳川家泰と築山御前《つきやまごぜん》を演じた。河原崎座での「新舞台巌楠」以来、再び有職故実の専門家に教えを受け、衣装は、能楽の宝生流《ほうしょうりゅう》出入りの装束師・関岡《せきおか》に揃えさせた。

自然体・写実的な演技術は、それまでの歌舞伎の有り方を全面的に否定するもので、客のウケは芳しくなかった。それでも、目新しい「劇場」への好奇心と新作に対しての「怖いもの見たさ」から評判を呼び、興行的には成功だった。

十月興行では、河竹新七の「二張弓千種重藤《にちょうのゆみちぐさのしげとう》」が掛けられた。

この時、主役として源平合戦《げんぺいかっせん》の平家方の老将・斎藤実盛《さいとうさねもり》を演じた團十郎は、引立烏帽子《ひきたてえぼし》を被り、白の大口袴《おおくちばかま》に水干《すいかん》を着た地味な恰好。白髪交じりの口髭も生やしていた。その上、写実を追求し、老人らしく前屈み気味に登場した。これを見ていた客は、一様に驚いた。

客が見慣れていたのは、「源平布引滝《げんぺいぬのびきのたき》」に出て来る実盛。ここでは、顔は白塗り、頭はきれいに剃り上げた月代《さかやき》の上に、油で棒状に固めた髷が真っすぐに乗っている「生締《なまじめ》」。「生締」にしているのは、分別ある男の役柄。裃《かみしも》を付けて、颯爽と登場する。

しかし、裃が世の中に登場したのは室町時代。実盛は、平安時代末期の武将だから、史実に反している。團十郎は、これを正そうとしたのだ。

客にしてみれば、そんなことはどうでも良かった。史実に反していようが、楽しめれば、それで良かったのだ。

「西郷芝居」では團十郎のことを「團州」と持ち上げた仮名垣魯文だったが、今度は一転して新聞紙上で「活歴」と揶揄《やゆ》した。「活歴」は、不評をもたらすと共に團十郎の歌舞伎改良の試みを指す言葉として定着して行った。歌舞伎の魅力の本質は「荒唐無稽」。それを真っ向から否定した「活歴」は、役者仲間や見物人からの支持を得られるはずもなく、興行的にも大失敗する。

それでも團十郎は、それまでの「荒唐無稽」を否定し、学者・文化人と組んで「求古会《きゅうこかい》」という集まりを作り、史実を重視した「時代考証」という考え方を取り入れ、写実的な演技を追求して行った。

松羽目物

一方で團十郎は、「活歴」の新作だけでなく、「高尚優美」の手本である能・狂言から取った演目の上演にも熱心だった。これら演目は、能舞台の背後にある鏡板を模し、松が描かれた羽目板を舞台装置として使うことから「松羽目物《まつばめもの》」と呼ばれる。能からの「勧進帳」「船弁慶《ふなべんけい》」「紅葉狩《もみじがり》」、狂言からの「素襖落《すおうおとし》」「二人袴《ふたりばかま》」などがある。

「勧進帳」は、父・七代目團十郎（團十郎の名跡を譲り、五代目海老蔵を名乗っていた時）の初演。團十郎（七代目河原崎権之助の時）は、明治四（一八七一）年一月に守田座で「勧進帳」を演じた時には、贔屓にしてもらっていた旧土佐藩主・山内豊信《やまうちとよしげ》（容堂《ようどう》）から、能の「安宅《あたか》」で使う弁慶の装束を下賜してもらい演じた。「勧進帳」は、衣装を能に近付け、演出も変えることによって、格調高い演目に仕上がった。歌舞伎らしい華やぎに溢れる演出の「紅葉狩」も傑作とされている。

「松羽目物」は、「活歴」と違い人気を呼び、後々まで演じ続けられるようになった。

横槍が入った「天覧」

この頃、伊藤博文・井上馨《いのうえかおる》らは、歌舞伎に「天覧《てんらん》」の栄誉を浴させようと画策していた。「天覧」とは、天皇が、ご覧になること。明治維新によって、天皇の権威が復活すると、「天覧」を受けることは、その芸能の権威付けにもなり、新しい時代において、社会的に評価されたことの証にもなった。能が、すでに他の芸能に先駆け、「天覧」を実現していた。

明治十三（一八八〇）年六月に薩摩の郷士の出で外務卿などを務めた寺島宗則《てらしまむねのり》邸への行幸が決まると、その時に歌舞伎を上演しようとした。

しかし、これは、岩倉具視《いわくらともみ》の知るところとなり、横槍が入る。『明治天皇紀』には、次のように記されている。

初め宗則、同僚二三に謀りて演劇を天覧に供せんとす、右大臣岩倉具視之れを聞くや、其の技の卑俗にして風教《ふうきよう》を害すること少からざれば、改良の暁《あかつき》は知らず、現今の状態にては天覧に供するを不可なりとし、書を宮内卿徳大寺実則に致して、既に決定せりや否やを問ふ、実則始めて聞知せる旨を告げ、且具視の意見を賛し、叡慮《えいりよ》の如何を候せんことを答ふ、天皇之れを止めしめたまふ（宮内庁『明治天皇紀　第五』吉川弘文館、一九七一年）

「演劇」とは歌舞伎のこと。「同僚二三」とは、いずれも長州藩の下級武士上がりの伊藤博文や井上馨らのことだろう。岩倉は演劇の改良は、まだ不十分と見ていた。岩倉は、三条実美と並ぶ旧公家の代表者で天皇に近く、政治的にも剛腕だった。伊藤たちも引き下がらざるを得なかった。結局、能・狂言が演じられた。

演劇改良会

政府にとっては、幕末に幕府が欧米諸国と結んだ不平等条約の改正が重要な課題だった。それには、日本が欧米と同様の「文明国」であること示す必要があると考え、欧化政策が推進された。その象徴として、明治十六(一八八三)年には外務卿・井上馨の肝いりで、欧米風の社交場鹿鳴《ろくめい》館《かん》が建設された。

「文明国」であることを示すという国家目標は、芸能の世界にも波及した。明治十九(一八八六)年八月には、伊藤博文の指示で、これまでの團十郎の歌舞伎改良の試みを具体的な形で後押しするため、「高尚優美」を旗印とした演劇改良会が設立された。

目的として次の三項目が掲げられた。

第一、従来演劇の陋習《ろうしゅう》を改良し、好演劇を実際に出さしむること。

第二、演劇脚本の著作をして、栄誉ある業たらしむること。

第三、構造完全にして、演劇、其他音楽会、歌唱会、等の用に供すべき一演技場を構造すること。（伊《い》原敏郎《はらとしお》『明治演劇史』鳳出版、一九七五年）

説明を加えると、次のような内容だ。これまでの歌舞伎は猥褻・野卑で、紳士淑女の鑑賞に耐え得るものではない。これを改良して鑑賞に値するような高尚優美なものにする。作者は、役者と同様に無教養な人間が務めているが、これを改め、学者や文学者など教養人を作者とする。劇場も、西洋演劇や音楽会も開催できる構造のものを新たに建設しなければならない。

取りまとめ役は、ジャーナリスト・政治家で伊藤の娘婿でもあった末松謙澄《すえまつけんちょう》が務めた。会員には、伊藤の盟友で、発足したばかりの第一次伊藤内閣の外務大臣となった井上馨、法学者の穂積《ほづみ》陳重《のぶしげ》、福地源一郎（桜痴）、歴史学者の重野《しげの》安繹《やすつぐ》、数学者で教育官僚の菊池《きくち》大麓《だいろく》、漢学者の依田百川（学海）、福沢諭吉の弟子で官僚・新聞経営者などを務めた矢野《やの》文雄《ふみお》、文部大臣の森有礼《もりありのり》、数多くの企業の生みの親として知られた渋沢栄一、海軍軍医総監・高木《たかき》兼寛《かねひろ》ら、政治家・官僚・学者・新聞人・経済人の代表が顔を揃えた。

さらに賛同者として、伊藤博文、大隈重信《おおくましげのぶ》、西園寺《さいおんじ》公望《きんもち》ら政治家のほか、具視の次男で当主となっていた岩倉具定《いわくらともさだ》、慶喜の弟で水戸藩最後の藩主・徳川昭武《とくがわあきたけ》、三井財閥の礎を築いた益田孝《ますだたかし》（鈍翁《どんおう》）らが名を連ねた。

十月三日には、末松謙澄が、一ツ橋の東京商業学校の講堂で、「演劇改良」について講演した。

その中では、レンガ造りの西洋式の劇場、芝居茶屋の廃止、夜間興行の実施、文学者や学者による作劇などと同時に、女優の養成を提唱した。

この時、役者で、團十郎ただ一人だけが講演を聴きに来ていた。團十郎の心の中には、「女優の養成」という言葉が深く刻み込まれた。

初の「天覧」

明治二十（一八八七）年、井上馨邸への行幸に際し、再び「天覧歌舞伎」の計画が持ち上がる。「演劇改良運動」の成果だった。『明治天皇記』には「明治十九年八月馨以下末松謙澄・外《と》山正一《やままさかず》等が伯爵伊藤博文等朝野名士の賛助を得て、演劇改良会を組織するに及び、演劇の地位大に進むを見る、仍《よ》りて馨是の時を以て歌舞伎劇を叡慮に供し、向後の新例を開かんとす」（宮内庁『明治天皇紀　第六』一九七一年）と記されている。

四年前に岩倉具視は亡くなり、もう横槍を入れられる恐れはなかったが、それでも井上は、今度こそは間違いなく実現できるよう慎重にことを進める。

狂言をご覧いただくとして庭に能舞台を仮設し、天皇に「歌舞伎・狂言二者中叡覧の選びたまふ所に随ひて天覧を仰がんとす」（宮内庁『明治天皇紀　第六』）と天皇に判断を仰ぐ形を取った。天皇は、何事においても、公に問われて自分の好みを述べることなどしないのが慣習だった。馨の意に任せると答えるしかなかった。

團十郎の回想によると、四月に井上馨の夫人が、新富座に来た時、芝居が跳ねた後で、芝居茶屋に呼び出された。末松謙澄や皇太后宮大夫・杉孫七郎《すぎまごしちろう》もいて、近々、井上邸に行幸があり、その際、歌舞伎を上演したいと持ち掛けられた。それ以来、團十郎は、何度も井上邸に通い、舞台設営などの段取りを進め、座組から給金の割り振りまで、一切を團十郎が仕切った。

豊原国周「与衆同楽 明治廿年四月麻布鳥居坂井上大臣之御邸ニテ御覧演劇ノ内勧進帳」

團十郎は、緊張で、前日から食事も喉を通らず、眠れないほどだった。

四月二十六日、明治天皇が井上馨邸に行幸。午後二時から余興として、井上のほか伊藤博文ら政府首脳も陪席して、「天覧歌舞伎」が催され、市川團十郎のほか、五代目尾上菊五郎、初代市川左團次《いちかわさだんじ》らが「勧進帳」「高時《たかとき》」「操三番《あやつりさんば》」などを演じた。「勧進帳」で、富樫《とがし》を演じた左團次は、緊張で、声の調子がおかしく、俯いたままブルブル震えていた。

天皇は上機嫌で、夕食を挟み、「山姥《やまんば》」や「夜討曾我《ようちそが》」を追加で演じさせ、全てが終わり、天皇が井上邸を後にした時には午後十時を過ぎていた。

二十七日には皇后と政府首脳の夫人、二十八日には大使ら国内・外の要人、二十九日には皇太后が井上邸を訪れ歌舞伎を楽しんだ。

三升会の設立

天覧の昂奮が冷めやらぬ明治二十一（一八八八）年二月、「九代目」は、門弟を糾合し「三升会」を設立する。

会規の前文には「天覧ノ栄ヲ辱《かたじけの》ウシ俳優ノ面目実ニ之ニ過ギズ、故ニ此門ニ入ル者ハ宜シク先ヅ品行ヲ方正ニシ技芸ヲ練磨シ勉メテ高尚優美ノ風ヲ養ヒ以テ上ハ聖恩ニ酬《むく》イ下ハ一門ノ名誉ヲ博セントトス」（市川三升『九代目市川團十郎』推古書院、一九五〇年）とし、このような行いが度重なり、後悔が見られない場合には厳しい処分と、天覧を契機として、「品行方正」「高尚優美」を目指すことという趣旨が掲げられている。

具体的は決まりとして、第三条では「俳優税金ハ懈怠《けたい》ナク相納メ万一不納ノ御処分ヲ受ケタルトキハ組合ヲ除名スベシ」、第六条および第七条で「喧嘩口論ハ申ニ不及《およばず》争ヒガマシキ事アルベカラズ興行中大酒ハ勿論ミダリニ遊廓ニ入ルベカラズ」（市川三升『九世團十郎を語る』推古書院、一九五〇年）とし、このような行いが度重なり、後悔が見られない場合には厳しい処分を科すことを謳っている。

会員は東京が百十一名、大阪が十七名、名古屋が六名。その他、長岡、仙台、北海道にも支部があった。

七月七・八日には、三升会主催の慈善興行が新富座で催され、「毒饅頭《どくまんじゅう》の清正《きよまさ》」「矢の根」が演じられたほかに、實子と扶伎子が「藤娘《ふじむすめ》」「松風《まつかぜ》」を踊った。

日本演藝協会

「演劇改良会」は、明治二十一（一八八八）年七月になくなり、その役割は、帝国議会開設前の立法機関である元老院の議官・田邊太一《たなべたいち》を会長とする「演藝矯風会《えんげいきょうふうかい》」に受け継がれる。これには、團十郎や菊五郎らも加わった。

矯風会は、数回、長唄・常磐津《ときわづ》・三曲《さんきょく》などを交えた公演を開催しただけで、二十二（一八八九）年九月には再び名前を変え、「日本演藝協会」となった。

日本演藝協会は、宮内大臣の土方久元《ひじかたひさもと》を会長に、東京美術学校設立の中心となった岡倉覚三《おかくらかくぞう》（天心《てんしん》）らを事務委員、森林太郎《もりりんたろう》（鷗外《おうがい》）、坪内雄蔵《つぼうちゆうぞう》（逍遥《しょうよう》）尾崎徳太郎《おざきとくたろう》（紅葉）、古河黙阿弥《ふるかわもくあみ》（河竹新七）ら学者・文化人を文芸委員、團十郎、菊五郎、左團次、豊澤團平《とよさわだんぺい》、山勢松韻《やませしょういん》、三遊亭圓《さんゆうていえん》朝《ちょう》ら歌舞伎に止まらず、文楽・箏曲・落語など幅広い伝統芸能の実演家を技芸委員とした。

演劇改良会は、歌舞伎に焦点を絞り、政治家・官僚が中心で、学者・新聞人・経済人も政府と繋がりが強い人物ばかり。役者も入っておらず、啓蒙主義的で、知識人が「上から目線」で説教するような形だった。それに対し、演藝矯風会、日本演藝協会へと変遷するに従い、「改良」の対象とする分野や参加する顔ぶれも広がり、当初は、条約改正を念頭とする官主導の政治運動だったものが、官民合同の社会運動へと変化していった。

日本演藝協会の発足に合わせ、文芸委員の手による改良の手本となるような落語、講談、清元・一中節などの邦楽の新作が、新富座で披露された。しかし、その後、活動は尻つぼみになっていった。

5　晩年

挫折

明治二十二年（一八八九）年十一月、京橋・木挽町に歌舞伎座が開場する。これによって、「演劇改良」の中心は、それまでの新富座から歌舞伎座へと移る。福地源一郎（桜痴）が、金貸しの千葉勝五郎を金主として抱き込み、共同で座主を務めた。「九代目」は、座頭として招かれ、菊五郎や左團次ら主な役者も集まった。

歌舞伎座を「演劇改良」の拠点にする腹積りだった福地は、柿落し興行で、それに相応しい自作の台本を上演しようとしたが、利益目当ての千葉は、客ウケしないと見て、團十郎で当たりをとった黙阿弥作の「黄門記《こうもんき》」を掛けるよう主張した。

福地は、金主である千葉に譲歩し、頭に「俗説美談」の文字を被せ、團十郎とも相談し、台本を「改良」することで折り合いをつけた。しかし福地は、座主の地位は降り、作者に専念することにし、旧来の演目に手を入れたり、新作を作ったりして、團十郎と共に、「演劇改良」を続ける。

千葉は、日清戦争の影響で戦争劇が流行しているのを捉え、明治二十七（一八九四）年十一月、團十郎・菊五郎共演で福地桜痴作の「海陸連勝日章旗《かいりくれんしょうあさひのみはた》」を掛けるが、不入りに終わる。そのため、翌年五月、人気を呼んでいた壮士劇の川上音二郎《かわかみおとじろう》を呼んで、戦争劇を掛け、これで当たりをとる。歌舞伎を改良して、明治という新たな時代に適応させようとした團十郎だったが、その時代に生まれた音二郎の壮士劇には敵わなかった。

初代歌舞伎座

音二郎が出ている間、團十郎は、追われるように、一門の初代市川左團次が座主となって開場したばかりの明治座に出る。

しかし、音二郎の人気も束の間で、千葉に乞われて團十郎は再び歌舞伎座へ戻る。

明治座に出ている間、新作・旧作の改作・新たな演出といった「演劇改良」をせずにいた團十郎は、音二郎の壮士劇と相対化し、旧来の歌舞伎の長所を冷静に見直すようになっていた。総じて客からウケが悪かった「演劇改良」の試みだったが、團十郎は、それまでは止めようとはしなかった。しかしここに来て、やっと熱が冷めたのだった。

古典への回帰

歌舞伎座へ戻った團十郎は、遂に「演劇改良」を止め、「暫」を演じる。それでも写実は捨てた訳ではなかった。内面を読み解き、役になり切ろうとした、とされる。「演劇改良」は、團十郎にとって、芸を進化させる糧となっていたのだ。

古典に回帰した團十郎は、同じく江戸歌舞伎の残り香を漂わす五代目尾上菊五郎・初代市川左團次と共に「團菊左《だんきくさ》」と呼ばれ、歌舞伎の黄金期を築く。

團十郎の所作や口跡は見事で、「荒事」「和事」の両方をこなした。当り役は、「仮名手本忠臣蔵」の「大星由良助《おおぼしゆらのすけ》」、「勧進帳」の「弁慶」、「暫」の「鎌倉権五郎」、「助六由縁江戸櫻《すけろくゆかりのえどざくら》」の「助六」、「天衣紛上野初花《くもにまごううえののはつはな》」の「河内山宗俊《こうちやまそうしゅん》」、「菅原伝授手習鑑」の「菅丞相《かんしょうじょう》・松王丸《まつおうまる》」、「一谷《いちのたに》嫩軍記《ふたばぐんき》」の「熊谷直実《くまがいなおざね》」、「伽羅先代萩《めいぼくせんだいはぎ》」の「仁木弾正《にっきだんじょう》・政岡《まさおか》・荒獅子男之助《あらじしおとこのすけ》」、「鏡山旧錦《かがみやまこきょうのにし》絵《きえ》」の「岩藤《いわふじ》」、「本朝廿四孝《ほんちょうにじゅうしこう》」の「八重垣姫《やえがきひめ》」など。立役から女形まで幅広い。舞踊にも秀で、「鏡獅子《かがみじし》」「素襖落」などを得意とした。

盛大な葬儀

明治三十三（一九〇〇）年頃から團十郎の体に異変が起こり始めていた。いつも傍に付いていた愛弟子の四代目市川染五郎《いちかわそめごろう》（後の七代目松本幸四郎）は、「その頃、師匠の身体に何となく疲れが見えてゐました上、『五郎』の舞台で師匠が同じ台詞《せりふ》を二度いひ出したりするので、五郎丸に扮して出てゐた私はおかしいと思って、すぐに小声で台詞をつけて上げたりしたのですが、その時これはいけないといふ直感が、私の頭にピンと来たのでした」（松本幸四郎『一世一代』右文社、一九四八年）と回想している。

明治三十六（一九〇三）年、團十郎は、体調が思わしくない中、次世代を担う若手の世話で忙しかった。二月に五代目尾上菊五郎が亡くなると、翌月に長男の二代目丑之助を後押しして「六代目」を襲名させ、披露口上の中心となった。五月には歌舞伎座であった染五郎の八代目市川高麗蔵襲名興行では「春日局《かすがのつぼね》」を演じ、口上を述べた。しかし、その後は体調が優れず、休演を続け、ずっと茅ケ崎の別荘にいた。

そして九月十三日午後三時四十五分、持病の糖尿病に肺炎を併発し、亡くなる。享年六十六歳だった。

團十郎が、福三郎と暮らしたのは、實子と結婚して、わずか二年ほどだった。

東京から親類や弟子が駆け付けて通夜が営まれた後、遺骸は、十五日に、貨物列車で東京へ運ばれ、築地の自宅へ安置された。福三郎ら家族は、客車に乗り、付き従った。「壮士《そうし》芝居《しばい》」の川上音二郎は、亡くなったことを聞くと、弔問客のために道を直し、途中にはガスのランプの街燈をともすなど、出棺まで終始詰め切りだった。音二郎は、一世を風靡した時、一時的に歌舞伎座から團十郎を追い出すことになった因縁がある。しかし、團十郎に心酔し、その後、別荘の近くに引っ越して来ていた。

本葬は、二十日に青山斎場で営まれた。葬列は、家を出て、歌舞伎座の前を通って斎場へ向かった。先頭が虎ノ門に達しても、最後尾は家に止まっているほどの長さだった。

團十郎は、幕末に起こった神道系の宗派・神習教《しんしゅうきょう》に傾倒していて、葬儀は、この形式で営まれた。諡号《しごう》は「玉垣道守彦霊《たまがきどうしゅげんれい》」。青山墓地に埋葬された。

その死後、歌舞伎の世界では、単に「九代目」と言えば、九代目團十郎のことを指すようになる。時代の荒波に揉まれながらも、歌舞伎の近代化に大奮闘したことに敬意を表してだ。

6 銅像・「劇聖」・胸像

難航した「三年祭」興行

「九代目」が亡くなると、歌舞伎の世界の仕来り通り、すぐに追善興行の話が出た。仏式なら、まず一年後に一周忌の追善興行が催されるのが常だが、「九代目」は、神道系の神習教の信者だったため、「一年祭」と銘打つはずだった。しかし、未亡人・ますと歌舞伎座とが、別の件で、感情的にもつれていたため、結局は催されなかった。

次の「三年祭」の追善興行は、門弟の中でも長老だった初代市川猿之助が、間を取り持ち、何とか実現に漕ぎ着けた。明治三十八（一九〇五）年九月二十三日から十月九日まで十七日間にわたり、歌舞伎座で催された。

幕開けで、實子・扶伎子を中心として門弟たちがズラリと並び、口々に口上を述べた後、五代目壽美蔵《すみぞう》の「岩窟景清《がんくつかげきよ》」、八代目高麗蔵の「高時」、初代猿之助の「勧進帳」、日替わりで壽美蔵・猿之助・高麗蔵の「大森彦七《おおもりひこしち》」、二代目市川筵升《えんしょう》の「矢の根」、五代目小團次の「月夜の漁《りょう》」が出て、實子・扶伎子が「二人道成寺《ににんどうじょうじ》」を踊った。この時ばかりは、「女役者」の九女八《くめはち》も出演するなど文字通り一門総出だった。

三座合同の「十五年祭」興行

大正六（一九一七）年十月三十一日から十一月二十三日にかけ、「九代目」の「十五年祭」の追善興行が催された。

この興行は、歌舞伎座・帝国劇場・市村座の三座が協議し、合同で催すということになっていた。それぞれが座付き役者を出し合い、歌舞伎座と帝国劇場で、同時開催し、出演する役者は、総勢三百人にも及ぶ、空前の大興行だった。

六代目尾上菊五郎ら市村座の役者と二代目市川左團次一派は歌舞伎座へ行って、座付きの五代目中村歌右衛門・七代目市川八百蔵・十五代目市村羽左衛門らと共演。帝国劇場は、座付きの六代目尾上梅幸・八代目市川高麗蔵・七代目澤村宗十郎《さわむらそうじゅうろう》らが出演した。

歌舞伎座は、「歌舞伎十八番」の「矢の根」「勧進帳」に、「西東錦艶時《にしひがしもみじのいろどき》」「清正《きよまさ》の娘」「出世《しゅつせ》景清《かげきよ》」「島衛月白浪《しまちどりつきのしらなみ》」「素襖落」「石橋」、帝国劇場は高麗蔵の弁慶、梅幸の富樫、宗十郎の義経で「勧進帳」などが演じられた。

「暫」の銅像

明治三十八（一九〇五）年に催された「三年祭」追善興行の出演者は無報酬だった。利益で何か「九代目」を記念する物を作ろうという趣旨からだった。大当たりだったこともあり、一万六千円という多額の金が残り、銀行に預金されていた。しばらくして、関係者の間で「九代目」の銅像を建てようという話が持ち上がった。

明治後期から、欧米を真似て、東京の街中にも、皇族軍人の先駆けとなった有栖川宮熾仁親王《ありすがわのみやたるひとしんのう》を始め、皇族・軍人・政治家・武将の銅像が建てられるようになっていた。銅像は、国家的・社会的に高く評価された人物であることを示す象徴だった。

その中にあって歌舞伎役者の銅像は初めて。「九代目」の銅像を建てるということは、個人的な顕彰に止まらず、歌舞伎そのものが、社会的に評価される存在となった証ともなる。それは、「九代目」の意にも叶うことでもあった。

知識と教養があった三升（福三郎は、歌舞伎役者となり、大正六年に五代目市川三升を襲名）は、銅像が持つ意味の全てを心得ていた。「九代目」の信者とも言える三升にとっては、崇拝すべき「本尊」のようなもので、是非とも、建てたかったはずだ。

まずどんな姿にするかが話し合われた。歌舞伎役者なのだから、普段の姿でなく舞台姿、それも「歌舞伎十八番」の中から、ということで話がまとまって行った。

「勧進帳」は、七代目が作り、「九代目」が完成させたもので、人気もあり、相応しいと見られていたが、能から取った演目ということで省かれた。「助六」も人気があり、歌舞伎らしくて良いと思われたが、下から仰ぎ見るには難点があるとされた。

結局、決まったのは「暫」だった。顔に「筋隈《すじぐま》」、頭には烏帽子を被り、手には大きな太刀を持ち、すっくと立つ姿は、いかにも「荒事」を家の芸とし、「江戸の守り神」と言われた團十郎に相応しい堂々たるものだった。

顔が広く、様々な分野の文化人とも付き合いがあった三升は、それを存分に生かし、段取りをした。

誰に造ってもらうかということになり、三升は、知り合いだった日本画の大家・寺崎廣業《てらさきこうぎょう》に相談した。すると、廣業は、新海竹太郎《しんかいたけたろう》を推薦し、早速、引き合わせてくれた。廣業の口添えもあり、新海は、すぐに三升の依頼を引き受けた。

新海は、皇族軍人として台湾で病死し注目を集めた北白川宮能久親王《きたしらかわのみやよしひさしんのう》や日清・日露戦争の勝利に貢献した陸軍元帥・大山巌《おおやまいわお》の銅像を手掛けていた。團十郎の銅像の製作者としては申し分なかった。

彫刻家にとって、鍛え抜かれた肉体を持つ歌舞伎の名優の舞台姿は、作品の素材として極めて魅力的。新海にとっても、願ってもない依頼だったはずだ。

台座の表の題字は、「九代目」と親しかった元首相の西園寺公望が揮毫《きごう》。裏の銘文は、歌舞伎への関心が高く「演劇改良運動」にも関わった文豪・森鷗外が文案を練り、洋画家で能筆家としても知られた中村不折《なかむらふせつ》が筆を取った。銘文は、次のようなものだった。

　大正戊午九月、銅鋳堀越秀演技像成。堀越氏者、倡優名閥、世称市川團十郎。秀其七世第五子、天保戊戌十月十三日、生於江戸木挽街。弱冠以技名天下。明治甲戌七月、襲称曰九世團十郎。癸卯九月十三日、病歿茅碕別業。饗年六十有六。事具伊原敏郎撰伝中。秀壮遭中興之運、目睹庶事維新、心有所期、誓欲脱倡優之陋習。於是縄巳謹廉、遂能為士林所歯。豈可不謂卓於往、而赫於來者耶。像之成、在秀即世十五年後。其嗣福三郎請陶庵西園寺侯、書跌前、又嘱余銘。余嘗与秀相識、喜其為人、且謂倡優之技。雖卑乎、有関於教化也。乃為之銘曰。優孟九世伝衣冠。名噪天下十郎團。睅目隆準顔塗丹。矮軀亦作長身看。其止端重邸山安。其動湍迅鵰鶚摶。音吐訇訇扣金盤。一呼堪息百夫讙。奄忽云亡妙技殫。海澨秋陰蓋柏棺。惟見遺像立江于。千載児女増永歎。（市川三升『九世市川團十郎を語る』推古書院、一九五〇年）

初舞台の地・浅草

九代目團十郎像（浅草寺）

大正八（一九一九）年五月、浅草寺の境内で、「九代目」の親族・門弟を始めとして各界の著名人や劇場関係者・花柳界《かりゅうかい》などから三千人余りが集まり、「九代目」の銅像の除幕式が盛大に行われた。

渋沢栄一、末松謙澄、大倉喜《おおくらき》八郎《はちろう》らの祝辞の後、「九代目」の次女・扶伎子の娘・喜久江《きくえ》が、小さな手で綱を引くと、「暫」で見得を切る「九代目」が現れた。

建てられる場所が浅草となったのは、「九代目」にとって縁《ゆかり》の土地だったからだ。

「九代目」が、八歳の時に、初舞台を踏んだのは、芝居町の猿若町にあった河原崎座だった。

明治に入ると「江戸三座」は移転して行き、猿若町の賑わいは消えるが、それに代わって、区画整理され「六区」と呼ばれるようになった浅草寺の裏手は、新たな興行街となっていく。

明治二十（一八八七）年、正式な劇場としては認められず、「小芝居」を専門とする「道化踊場」として「常盤座」が開場したのが始まりだった。明治の後期には、日本で初めての活動写真専門館「電気館」ができ、大正の頃には、欧米のオペラを大衆化して見せた「浅草オペラ」や島根県から上京して来た「安来節《やすぎぶし》」の一座が、大ブームを巻き起こした。その他にも、ありとあらゆる種類の新しい芸能が集まり、日本最大の興行街へ発展して行った。

いわば、浅草は、「歌舞伎の聖地」「興行の聖地」。「九代目」にとって最も相応しい土地だった。

「劇聖」誕生

昭和七（一九三二）年十一月一日から二十七日まで、「九代目」の「三十年祭」に合わせ、歌舞伎座で「追遠」と銘打った興行が催された。

この時、宣伝に「劇聖」という言葉が盛んに使われる。「劇聖」とは、それまでなかった言葉だが、儒学者で、画家・書家でもあった亀田雲鵬《かめだうんぽう》が提唱したものだ。「追善」ではなく「追遠」としたのも亀田の発案だった。

三升が「歌舞伎十八番」の「解脱」を復活させ、「勧進帳」では七代目松本幸四郎が弁慶、十五代目市村羽左衛門が富樫、六代目尾上菊五郎が義経を演じた。羽左衛門の「助六」では、幸四郎が意休、菊五郎が白酒売で相手をした。

羽左衛門は、襲名披露興行で、口上を述べてもらう手筈になっていた「九代目」が直前に急死。「九代目」と養父の兄である五代目菊五郎（十三代目羽左衛門）の遺影を舞台の上下に置き、一人で口上を勤め上げた。菊五郎は若い頃、茅ヶ崎の別荘に泊まり込み、「九代目」からみっちりと稽古をつけてもらい、父である五代目菊五郎亡き後は、後ろ盾になってもらった。門弟だけなく、「九代目」と関わりが深く、人気役者に成長していた役者たちが、顔を揃えた。翠扇も、「團十郎娘」で舞台に立った。

この興行は、大きな反響を呼び、空前の大入り満員を記録し、翌年の二月には演目を代えて「延長興行」が催された。

一月からの興行には、「九代目」、三升と二代にわたり縁がある初代中村鴈治郎も、大阪から駆け付け、「熊谷陣屋」に出演した。

「劇聖」となったことを讃え、日比谷の東京市政会館では都新聞主催の講演会、三越日本橋本店では舞台衣装や茅ヶ崎の別荘の模型などを並べた展覧会が開かれ、大盛況だった。

同じ年の三月には、大阪歌舞伎座でも、東西の役者を集めて追遠興行が催された。

「追遠興行」をきっかけとして広まった「劇聖」という言葉の効果は絶大だった。これによって「九代目」の功績が再認識されるようになる。

戦後の昭和二十八（一九五三）年十月に催された「五十年祭」の追遠興行は「劇聖團十郎」と謳って催された。

東京と大阪で茶会

華やかだった「三十年祭」の追遠興行とは別に三升は、私的に、そして静かな中でしみじみと「九代目」を偲びたいと思い、自らの主催で、團十郎家の親戚筋に当たる江戸時代から続く老舗の料理屋「八百善《やおぜん》」で茶会を催した。

二階には、「九代目」の遺愛の品が展示され、酒席にもなった。一階には抹茶席と煎茶席が設けられた。

床には、「九代目」の遺墨《いぼく》が掛けられ、陰で弾く箏の音が流れる中、「五代目」の棗《なつめ》、「七代目」「九代目」の茶碗と、それぞれが愛蔵していた道具も出て、茶会は静かに進行した。

客たちには、帰りぎわに、茅ヶ崎の別荘「孤松庵」を建てた時の余材で作った「瓶敷《びんしき》」が引き出物として渡された。

茶会は、翌年二月、大阪での追遠興行の際にも催された。

その時の「会記」によると、場所は美術商の拠点である大阪美術倶楽部。料亭のような豪壮な木造二階建てで、書画骨董の入札会が開かれる大広間などのほか、美術商の拠点に相応しい立派な茶室もあった。

茶会では、東京と同じく抹茶席と煎茶席が設けられた。

抹茶席の待合の床には、「九代目」の追善らしく、何代目かは解らないが、歌川豊国《うたがわとよくに》作の芝居の錦絵が掛けられた。本席の床には、丸山応挙《まるやまおうきょ》の「松に孔雀《くじゃく》」が掛けられ、道具も牡丹の絵が描かれた野々村仁清《ののむらにんせい》作の茶碗を始め、名品が揃えられた。

煎茶席の寄付《よりつき》の床に掛けられたのは、頼山陽《らいさんよう》の讃が添えられた谷文晁の「蝶」の軸。待合の床にも、英一蝶《はなぶさいっちょう》の「獅子舞」が掛けられた。本席の床には、追遠に相応しく、小林一茶《こばやしいっさ》が詠んだ句「木々の芽も 開くや彌陀《みだ》の 本願寺」の自筆の軸が掛けられた。

煎茶の道具の中でも重視される「茶銚《ちゃちょう》（急須）」は宜興《ぎこう》の朱泥《しゅでい》、「茗盞《みょうさん》（茶碗）」は、日本の染付に当たる「青華《せいか》」と、煎茶道の本場・中国の名器が揃えられた。

二階は酒席となり、梅の枝が活けられ、「九代目」直筆の書画が掛けられた。それに、客たちが、句などを書いた短冊を加えた。

大阪随一の花街で、歌舞伎関係者とも繋がりが深い南地《なんち》の芸妓たちが、赤い前掛を付け、酒を注いで回った。三升は「今日では夢のようである」と回想している。

客たちには、帰りに、京焼の澤村陶哉《さわむらとうさい》の「赤楽《あからく》」の皿が引き出物として渡された。

東京での茶会は、歴代の團十郎ゆかりの品を主役として組まれた。それに比べ大阪は、完璧と言えるほどの豪華さ。当時、まだ東京から大阪までは遠く、大切な茶道具を運ぶのは容易ではなかった。恐らく、大阪では、後援者に協力してもらい、現地で道具を揃えたのだろう。

いずれにせよ、歌舞伎界きっての「粋人」として知られた三升の美意識と人脈を総動員しての茶会であり、「九代目」の教養の一端をあらためて思い起こさせる催しでもあった。

「團菊」の胸像

昭和十一（一九三六）年四月、歌舞伎座で「九代目」と六代目尾上菊五郎を顕彰し、門弟を始めとして、人気役者が総出演する「團菊祭」が、初めて催された。

三升が「歌舞伎十八番」の「嫐《うわなり》」を演じ、六代目尾上菊五郎が「京鹿子娘道成寺（娘道成寺）」を踊ったほか、初代中村吉右衛門、十五代市村羽左衛門、五代目中村歌右衛門らが出演した。

この興行は、「胸像建設記念」と銘打たれていた。早稲田大学構内に立つ大隈重信像などで知られる彫刻界の重鎮・朝倉文夫が手掛けたブロンズ製の「團菊」の胸像が、歌舞伎座のロビーに飾られた。それ以降、松竹の創業者である白井松次郎・大谷竹次郎兄弟、「團菊」と並び称せられる明治の名優・初代市川左團次の胸像も作られる。

7 「文化人切手」

芸能人で唯一

太平洋戦争が終わり、日本は、昭和初期から続いた「軍国主義」を捨て、「平和憲法」のもとで「文化国家」を旗印として国家再建に向かう。昭和二十四（一九四九）年、「文化人切手」の発行が始まる。戦前は、人物切手と言えば、皇族軍人、乃木希典《のぎまれすけ》や東郷平八郎《とうごうへいはちろう》ら軍人、「郵便の父」の前島密《まえじまひそか》、日本赤十字社を創設した佐野常民《さのつねたみ》くらいだった。幅広い分野に及ぶ「文化人切手」は、「文化国家・日本」の象徴だった。

「文化人切手」は、昭和二十七（一九五二）年まで十八種類が発行された。その中に、野口英《のぐちひで》世《よ》・森鷗外・夏目漱石《なつめそうせき》らと並んで、「九代目」の肖像もあった。芸能人としては、ただ一人。長い間、格上とされて来た能に先んじて、芸能の代表としての扱いだった。「九代目」の功績に加え、国民的な幅広い知名度が考慮された結果だった。

「九代目」の切手が発行されたのは昭和二十五（一九五〇）年九月十三日。亡くなってから四十七回目の命日だった。

歌舞伎の近代化と役者の社会的地位向上を目指し、「演劇改良」に奮闘した「九代目」にとっては、面目躍如の出来事だった。

「文化人切手　九代目市川團十郎」

発行当日、青山墓地にある「九代目」の墓の前で、「報告祭」が開かれた。

この日は、生憎、雨になりそうな空模様だったが、「團十郎家」の門弟を始め、松竹社長の大谷竹次郎《おおたにたけじろう》ら演劇・文学・美術各界の関係者ら百数十人が参列した。

「九代目」が信仰していた神習教の官長・芳村忠明《よしむらただあき》が祭主となり祝詞を挙げた後、嗣子《しし》である三升が、最初に玉串を捧げ、この日の栄誉を報告した。

翌日は、三越日本橋本店の中にある三越劇場で、盛大に切手の贈呈式が開催された。会場の正面に「九代目」の肖像が掲げられる中、門弟代表の二代目市川猿之助、経済学者で日本藝術院院長の高橋誠一郎《たかはしせいいちろう》、黙阿弥《もくあみ》の娘の養子で早稲田大学演劇博物館館長の河竹繁俊《かわたけしげとし》ら関係者が列席した。式では、贈呈文と共に桐箱に納められた初刷りの切手が、第三次吉田茂内閣の田村文吉《たむらぶんきち》郵政大臣から三升に渡された。その後、高橋、河竹らが挨拶した。その中で、慶應義塾大学出身の高橋は、恩師である福澤諭吉直筆の断簡《だんかん》を取り出し読み上げた。そこには、團十郎が演じる春日局を見る時はハンカチ半ダースを用意するようにといった趣旨のことが記されていた。

関連行事

この日から二十四日までは、三越日本橋本店を会場に、早稲田大学演劇博物館と三越劇場主催の「團十郎記念展」が開催された。会場には、「團十郎家」にある物を含め、「九代目」ゆかりの品や関係する資料が展示された。

十月一日には、東京日日新聞と松竹の共催で、「團十郎を偲ぶ」と題した公開座談会が、東京劇場で開かれた。これには、三升らゆかりの役者と大谷竹次郎が出席して、思い出を語った。九代目市川海老蔵と二代目市川猿之助が踊った後、明治三十二（一八九九）年、「九代目」らが出演して撮影された歌舞伎映画「紅葉狩」が上映された。この映画は、残っている物としては、最古の日本映画だ。

三日からは、東京劇場で、三升や猿之助を始めとした門弟らが出演して、切手発行記念の興行が始まった。

三升の著書

十一月三日には、三升の著書が出版された。書名は、『九世團十郎を語る』（推古書院）。表紙を開けると、「九代目」の肖像が描かれた「文化人切手」の本物が一枚、誇らしげに貼られている。

三百二十五ページにもわたり、「九代目」が生まれてから亡くなるまで、さらには「追善興行」「追善茶会」「十三日会」「切手贈呈式と展覧会」までもが、こと細かに記されている。

三升の「九代目」を慕う気持ちは尋常ではなかった。「婿」と「舅」の関係を遥かに超えていた。「崇拝」していたと言っても過言ではない。

「團十郎家」の歴史を重んじ、「九代目」を偲びながら、その功績を後世に伝え、やり残したことを引き継ぐ、ということが、自分の務めと考えていた。それは、三升の人生そのものでもあった。

第四章

女役者から女優へ

1　女優へのこだわり

「女團十郎」

江戸時代初期、「風紀を乱す」として、幕府は、女歌舞伎を禁止した。それ以来、歌舞伎の世界から「女役者」は消えた。

現在の歌舞伎の世界にも、原則的に女性はいない。「團十郎」の名跡の襲名・追善といった特別な興行の際に「所作事《しよさごと》」と呼ばれる舞踊劇を踊ったり、新作には出演することはあるが、あくまで例外的でしかない。

しかし、かつて九代目團十郎の門弟に「女役者」がいた。その名は「市川九女八《いちかわくめはち》」だ。

江戸時代、男子禁制だった江戸城の大奥や大名屋敷の奥には、小姓姿《こしようすがた》の「御狂言師《おきようげんし》」と呼ばれた女役者たちが出入りし、歌舞伎の真似事をしていた。

「九女八」は、天保とも弘化とも言われるが、いずれにせよ江戸時代も終わりの生まれで、本名はケイ。幼い頃、近所の素人相手の踊りの師匠に付いて稽古を始めた。筋が良く、十六歳の頃には、「御狂言師」の弟子となり、師匠の供をして大名屋敷の奥で演じるようになる。

明治維新によって活動の場を失った「御狂言師」は、女だけの「女芝居」の一座を組む。女が舞台へ上がることを取り締まられることはなくなったが、男の役者と一緒に演じるのは禁じられたまま。活躍の場は「小芝居」の小屋に限られていた。

明治に入ると、ケイも、芝居小屋に出るようになっていた。この頃の様子について、歌舞伎作者の竹柴《たけしば》其水《きすい》が記している。それによると、まだ若かった其水は、頼まれて、ケイが座頭格として出ていた薩摩座の楽屋へ「本読み」に行くことになった。「本読み」とは、役者たちの前で台本を読んで聞かせ、筋・登場人物の役柄や性格を教えるという作業だ。現在でいう演出的な役割だ。薩摩座は、江戸時代から人形芝居を専門とする小屋だったが、流行《はや》らなくなり、「女芝居」を掛けるようになっていた。

其水は、「女芝居」だからと高を括って行ったのだが、役者たちは真剣に聞き入り、「なか〳〵感心な人だと思つた」としている（「歌舞伎」一九一三年九月号、歌舞伎発行所）。

明治六（一八七三）年、ケイは、女形として絶大な人気を博していた「大芝居」の役者・八代目岩井半四郎に弟子入りし、「岩井《いわい》粂八《くめはち》」の名を貰う。

明治十八（一八八五）年には、「女芝居」の専門の「劇場」を新たに建てたいと東京府に願い出るが、却下される。

この頃には、芸風が團十郎に似ていると評判になり、巷では「女團十郎」と呼ばれようになっていた。噂を聞いて見に来た福地源一郎（桜痴）の口利きで、明治二十一（一八八八）年、團十郎の門弟に加えられ、「市川升之丞《いちかわますのじょう》」の名を与えられる。

しかし、團十郎に断りもなく勝手に、地方の小屋で「歌舞伎十八番」の「勧進帳」を演じたため破門され、元の「粂八」に戻った。しばらくして破門が解けて復帰し、「九女八」を名乗るようになる。

全盛期の九女八の芸について、演劇評論家の伊原青々園（敏郎《としお》）は「九女八をうまいと思ったは『娘道成寺』をした時でした。團十郎のも度々見たが水の垂るやうな所は九女八に及びませんでした。九女八を見て始めて『娘道成寺』の外題《げだい》に『娘』といふ字を冠せる事の意義あるを知りました。其の後に『山姥』を見たが此れも感服しました。厚みのある肩の輪廓の美しいのが今でも眼に残って居ます」（『歌舞伎』一九一三年九月号、歌舞伎発行所）と高く評価している。しかし、これは役柄が女に限ってのことで、男の役を演じることについては否定的だった。

男女混合劇の解禁

明治二十三（一八九〇）年には、興行を所管していた警視庁は「劇場取締規則」を改定し、それまでの「劇場」を「大劇場」、「道化踊場」を「小劇場」と定義した。この時は、十か所が「大劇場」、十二か所が「小劇場」となった。この時、「大劇場」で演じられる興行は、「大芝居」から「大歌舞伎」と呼ばれるようになっていた。

警視庁は、男女混合の興行を不問に付すとの通達を各警察署に出した。知識人を中心に、社会的に盛り上がりを見せていた「演劇改良運動」の影響だった。

それでも実際には、「女芝居」は、依然として「小劇場」でしか演じることができなかった。九女八は、明治二十四（一八九一）年に開場し、「小劇場」の中でも、唯一、「女芝居」を常打《じょうう》ちしていた三崎座《みさきざ》の座頭となる。

男女混合劇を不問に付すと聞いて、團十郎は、「やっと時が来た」と思ったことだろう。「演劇改良運動」は行き詰まりを見せる中で、團十郎にとって、「大歌舞伎」の筆頭である歌舞伎座に「女優」を立たせるのは悲願だった。歌舞伎が、高尚な「演劇」として認められるためには「女優」がいなければならないと考えていたからだ。

これらは周りに感化されたものだった。團十郎の後ろ盾となった「演劇改良会」の会員で社会学者の東京帝国大学文科大学の学長・外山正一は、その著書の中で、「役者に関する改良の最も大切のものあり。其れは別の事にあらず、これまでの如く女の役を男に勤めさするを廃して、真実の女子に之を勤めさすることこれなり。女の役を男が勤め居るうちは決して高尚なる芝居は出来ざるなり」（外山正一『演劇改良論私考』丸善書店、一八八六年）と断じている。

外山に限らず、「演劇改良」を主張する知識人は、「女形」の存在を否定し、「女優」が存在しないことこそが、歌舞伎の後進性を象徴するものだ、と糾弾していた。

少し後の大正八（一九一九）年に書かれたものだが、日本における西洋演劇の定着に尽くし、「新劇の父」とも呼ばれる小山内薫《おさないかおる》は、「女役者」と「女優」は、本質的に違うものだとして、次のように定義している。

日本にも女優がいる。しかも、立派な女優がある。併《しか》し、彼等の多くは、女に扮する男優（女形）の技芸を、これ事として学んでゐる。そして、自分達が「女の心」の持主である事を忘れてゐる。日本の今の歌舞伎劇は、心のない人形の芝居から生れて来たものである。それ故「女の心」を持つてゐない男の役者にも、立派に女の役が勤められるのである。（中略）日本の歌舞伎に存在するものは、概して類型的な「女の心」である。或は「女の心」の複写である。断じて、女でなければ持つてゐない「女の心」ではない。女優は「女の心」の為に存在するものでなければならぬ。「女の心」をさながらに盛つた戯曲の為に存在するものでなければならぬ。将来の日本に生まれ出て来なければならぬのは、さう言つた戯曲である。女優は将来の戯曲――将来の国民劇――の為に存在するものでなければならぬ。女優が、歌舞伎劇に於いて、女形と技を競ふ限り、女優の存在は無意味である。心。心。女優の本質は、飽くまでも赤裸々な「女の心」である。（小山内薫『小山内薫全集 第八巻』臨川書店、一九七五年）。

團十郎が、「女役者」と「女優」の本質的な違いを理解していたかどうかは疑わしい。しかし、「女優」という言葉に、強いこだわりを見せていたことだけは確かだ。歌舞伎に出る女は、もはや「女役者」ではいけなかったのだ。これは、「芝居」「役者」ではなく、「演劇」「俳優」という言葉を好んだように、歌舞伎の社会的地位の向上には、まず言葉から改めなければならないと考えたからだ。

「鏡獅子」

團十郎は、娘の實子・扶伎子に、「やがて大歌舞伎の舞台は女優の必要な時機が来る、其時には先づ市川家から女優が出て居れば、それを手本に跡から立派な女優も出来やうし、そうして置けば歌舞伎女優と云ふものゝ位置も高まるであらう」と、女優として先陣を切ることの意義を説いていた（「演藝画報」一九一二年九月号、演藝画報社）。

ある日、團十郎は、舞踊家の二代目藤間《ふじま》勘右衛門《かんえもん》が、娘たちに、「枕獅子《まくらじし》」の稽古を付けているのを見て、この曲の改作を思い立つ。

「枕獅子」は、廓《くるわ》を舞台とし、遊女である「傾城《けいせい》」が、女の「獅子の精」に変化するというもの。前半の「静」から後半の「動」への変化が、この曲の見どころだ。それを、より劇的に見せるためには、遊女よりも淑やかな奥女中の方が良いと考えた。遊女から奥女中に変えることは、團十郎の高尚志向にも叶うものだった。

早速、福地桜痴に改作を依頼。その結果、舞台は大奥となり、主人公も、奥女中である「御小姓《おこしょう》」に置き換えられた。團十郎の望み通りの設定だった。三代目杵屋《きねや》正次郎《しょうじろう》が、曲を付けた。

豊原国周「春興鏡獅子」

「春興鏡獅子《しゅんきょうかがみじし》（鏡獅子）」と名付けられた。

實子と扶伎子の役は、「獅子の精」の回りで踊る「胡蝶《こちょう》」だった。「胡蝶」の振りは、勘右衛門が付けた。できたのを見て、團十郎は「大変良く付いた」と上機嫌だった。

明治二十六（一八九三）年三月十日、團十郎が「御小姓弥生《やよい》・獅子の精」を演じ、「鏡獅子」の初演の幕が開いた。實子と扶伎子は、初めての歌舞伎座の舞台。實子は十三歳、扶伎子は十一歳だった。

二人は、「大劇場」の一つ・新富座で市川宗家の「三升会」が催した慈善興行で、「藤娘」「松風」を踊ったことはあった。しかし、男の役者に交じって、「大劇場」に出るのは初めてだった。明治の末から昭和三十年代半ばまで活躍した歌舞伎の台本作者で研究家の木村錦花は「歌舞伎に於ける男女合同劇のこれが嚆矢でありませうか」（木村錦花『近世劇壇史・歌舞伎座篇』中央公論社、一九三六年）と記している。

「鏡獅子」の筋は、次のようなものだ。

一月七日、大奥では、恒例行事の「御鏡餅曳《おかがみもちひ》き」が行われていた。賑わう中で、弥生は、恥ずかしながらも、余興として踊らされることになる。途中で、祭壇に祀っていた小さな獅子頭を手に取り踊ると、弥生に「獅子の精」が乗り移り、引きずられるようにして舞台袖へ消えて行く。

するると、後ろに並んだ囃子方が乗った台が左右に割れる。一人が立ち、もう一人は座った「胡蝶」が、台に乗ったまま押し出されて来る。「胡蝶」は、蝶を擬人化したもので、可憐に踊る。踊り終えると、二人は、左右に分かれ、袖に消える。「獅子の精」が、登場して少し踊り、台の上で眠ると、胡蝶が再び登場。「獅子の精」を起こして絡む。それまで着ていた衣装を引き抜き、新しい衣装に変わる。「獅子の精」は、「胡蝶」と戯れながら、白く長い毛を振って豪快に踊る。

「胡蝶」の衣装も、團十郎が考えたほどの力の入れようだった。

前半は、白地の着付の上に、赤地に花車の文様を縫い取った衣装を着た。帯は納戸地《なんどじ》に七宝文様《しっぽうもんよう》の織物で、「やの字」に結んだ。

後半の衣装は、染と縫で、公家の伝統的な文様である「有職風《ゆうそくふう》」の蝶の文様が施され、袖には、革地に牡丹の文様が散らしてあった。下は小袴。これを着た後に、上から前半の衣装を付け、引き抜きに備えた。

背中に蝶の翅《はね》を付け、全体的に舞楽の「胡蝶」を思わせる拵《こしら》えになっていた。設定といい、拵えといい、高尚な芸術を目指した「九代目」らしいものだった。

同じ年には、賛同してくれた篆刻師《てんこくし》・益田香遠《ますだこうえん》の娘を弟子にして、「市川荔枝《いちかわれいし》」と名付け、實子・扶伎子と共に、歌舞伎座で「礁砧」という新作を踊らせたり、自分の「孃《むすめ》景清八島日記」に、人丸の役で實子を出したりしたが、それきりだった。「日本一の女役者」と評価されていた九女八を出そうともしたが、それも上手くいかなかった。

「江戸三座」に代わり、「大歌舞伎」の筆頭にあると自負していた歌舞伎座の役者たちの本流意識は強烈だった。たとえ團十郎の意向だとしても、女など受け入れる余地はなかった。

團十郎は、「われら嘗《かつ》て女俳優なるものを大歌舞伎に作り出さん願望《ねがひ》にて荐《しきり》にこの事に熱心し」と心情を吐露しているが、役者たちからは良い顔をされなかった、とも嘆いている。「我邦にては女優といふもの、中々一寸《なかなかちよつと》には出来さうもなし」（松居眞玄『團州百話』金港堂、一九六一年）と、ため息交じりの言葉を残している。

外国人女優に感心

團十郎が女優に熱心だったのは、公家出身で大臣を歴任した西園寺公望、旧徳島藩主で駐フランス公使を務めた蜂須賀茂韶《はちすかもちあき》ら、付き合いがあった政治家たちから、しきりにヨーロッパの女優の話を聞かされていたためでもある。

明治二十七（一八九四）年、團十郎は、来日中だったフランスの「テーオー」という女優と共演している。九月二十八日から三日間、歌舞伎座で「博士違ひ」という喜劇が上演された。團十郎は、言葉が解らず推測するしかなく閉口したが、それでも「中々名優なりと思ふ、彼が泣き、驚き、笑ふ、容子などは真に迫りて感ずるの外なし」（松居眞玄『團州百話』金港堂、一九六一年）と、その写実的な演劇に感心している。

2　女優になった妻

稲延家から物言い

九代目團十郎は、明治三十六（一九〇三）年九月、亡くなる。實子・扶伎子は、三十八（一九〇五）年九月二十三日から、歌舞伎座で催される予定になっていた「九代目」の三年祭追善興行で、舞踊の大曲「二人道成寺」の「白拍子花子《しらびょうしはなこ》・桜子《さくらこ》」に扮し、舞台に立つことになっていた。福三郎も、大賛成だった。

しかし、初日の二日前になって、思わぬ所から物言いがつく。福三郎の実家・稲延家からだった。良家の子女が、大勢の前で舞台に立つことなど許されない時代。婿養子に出したとはいえ、役者でもない息子の嫁が、人前で踊ることなど、名士だった利兵衛にとっては、許しがたいことだったのだ。

関係者が、稲延家側を説得に掛かるが、一向に埒が開かなかった。弱り果てて、「市川宗家」の贔屓で有名だった前橋の下村善右衛門《しもむらぜんうえもん》を担ぎ出した。下村は、衆議院議員も務めた地方の実業家。急使を送ると、下村は、すぐに上京して来て、稲延家側を説得し、實子は、何とか出演に漕ぎつけることができた。

帝劇と女優養成

稲延家の人々の考えとは違い、「女優」をめぐる環境は、大きく変わろうとしていた。

明治維新以降、日本は、一日でも早く、欧米列強に追い付こうと、それまで、どこの国もしたことがないような速度で、政治・経済・社会制度・建築・文化など、ありとあらゆる分野において「改良」を推し進めた。

それが芸能にも及んだのが「演劇改良」だった。一口に「演劇改良」と言っても幅広かった。脚本や演技術から劇場運営に至るまで論じられ、百家争鳴の状態だった。

その中で、国家的課題となっていたのが、欧米の賓客を招いても恥ずかしくない西洋式劇場の建設だった。歌舞伎座は、外観こそ西洋風だが、中は全て枡席で、花道がある純和風の「芝居小屋」。座元の守田勘彌が、最新の設備と胸を張った新富座も、欧米人たちの評判は芳しくなかった。ヨーロッパのような帝室劇場の建設が話題に上っていたが、具体化することはなかった。

それが明治三十九（一九〇六）年になって、急に具体化してくる。日清・日露と二つの戦争に勝つことで、欧米列強に肩を並べたという「一等国」意識が芽生え、それに相応しい劇場が必要だという共通認識ができてきたのだ。

生前、本格的な西洋式劇場の必要性を説いていた福沢諭吉の次男・捨次郎《すてじろう》と諭吉の門下生が、総理大臣の伊藤博文や財界の大御所・渋沢栄一らを動かし、これに西園寺公望ら従来からの推進派も加わり、気運は盛り上がっていった。

明治四十（一九〇七）年、渋沢栄一を会長、慶應義塾出身で、創設期の山陽鉄道で手腕を発揮した西野恵之助《にしのけいのすけ》を専務として、帝国劇場株式会社が設立された。

会社が設立されて、すぐに女優養成の方針が打ち出された。まだ劇場の設計図もできていない時のことだ。当時の「演劇改良」論者たちが、いかに「女優」を重要視していたかが解る。

西園寺の勧め

その頃、實子と扶伎子は、総理大臣を務めていた西園寺公望から呼び出しを受け、弟子の團八を供に出向いた。その時のことを實子が、インタビューに答え語っている（「演藝画報」一九〇七年十二月号、演藝画報社）。

二人が、西園寺に会うのは、「九代目」が亡くなってから久しぶりのことだった。

西園寺は、公家社会で、頂点にある「摂家《せっけ》」の次に位置する「清華家《せいがけ》」の一つ・徳大寺家《とくだいじ》の生まれ。幼少の時に、同じ「清華家」の西園寺の養子となる。慶応三（一八六七）年、若干十九歳で、新政府の中枢を担う「三職」の中で、合議機関として設けられた参与の一員となる。もちろん最年少だった。戊辰戦争で、前線の司令官である「鎮撫総督《ちんぶそうとく》」を務めた。のちに新潟県知事に任じられるが、職務に不服で、勝手に帰京してしまう。

新しい国家を作るためには、進んだ欧米の社会を自分の目で見て、生の知識を得る必要があると考えた西園寺は、フランスへの留学を決意。フランス語を学んだ上で、明治四（一八七一）年に官費留学生としてヨーロッパへ渡る。新政府の方針変更のために、途中で官費を打ち切られるが、それでも私費で留学を続け、フランス滞在は十年近くに及んだ。

その間、西園寺は、ソルボンヌ大学で学ぶ一方、一九世紀の爛熟したパリのサロンにも頻りに出入りし、最新の文化事情に触れる。もちろん、劇場にも足を運んだ。その経験の中で、ヨーロッパにおける演劇の社会的評価の高さを目の当たりにする。

自伝の中でも「一体文明国で日本ほど芝居を賤しむ国はない。それを引立てたい気もあつて、蔭ながら芝居の向上に骨を折り、團十郎の外にも、左團次とか、また他の役者にもつき合つた」（木村毅編『西園寺公望公自傳』大日本雄弁会講談社、一九四九年）と述べている。

西園寺は、ヨーロッパと同等の「文明国家」であることを証明するためにも、日本において、「演劇改良」が必要であることを痛感した。その「演劇改良」の具体策の一つが、「女優」の導入だと認識していた。

西園寺は、實子と扶伎子に西洋の女優のことを話し、「女優になってみる気はないか、時世は女優を要求している」と持ち掛けた。

二人は、追善などの際に踊ることはあっても、「女優」として本格的に舞台に立ったことはなかった。

この年、二人は、来日中のイギリスの王族・コンノート公爵の前で、「鏡獅子」を踊る機会があった。踊り終わった後で、公爵から「お前達は市川團十郎の娘でありながらナゼ女優にならぬ。市川團十郎の名は私の国までも響いて居る」（「演藝画報」一九一一年四月号、演藝画報社）と声を掛けられた。

このこともあり、二人の心は動いたが、踏ん切りがつかずにいた。西園寺の誘いには、時機を待ちたい、と答えただけだった。

それからしばらくして、二人は、再び西園寺から呼び出される。

西園寺は、「芸術に対する世間の思想はまだそれ程に開けて居ないから、多少の非難はまぬかれまいけれど、お前達二人が率先して犠牲になって呉れなければ後が出来ない」とした上で、「今が時機の到来ぢゃ、二人共異存はあるまい、無論承知をして呉れるであらうな」（「演藝画報」一九一一年四月号、演藝画報社）という有無を言わせぬ口調で迫った。

二人は、自分たちだけでは決めることはできないので、家へ帰って家族に相談した上で、あらためて返事をします、と答えるのが精いっぱいだった。

言葉通り家族に相談すると、母のますも福三郎も賛成だった。「九代目」の女優への思いは知っていたし、なにより本人たちが乗り気だったからだ。すぐに子役に至るまで門弟を全て集め、話をしたが、ここでも異議は出なかった。

翌日、西園寺に「女優」になる決意を正式に伝える。

明治座を選ぶ

その頃、帝国劇場の関係者の間では、實子と扶伎子を専属女優にし、二人を中心に「女優稽古所」を立ち上げ、養成した女優を劇場に出演させようという計画があった。

母のますを窓口に途中まで話が進んでいたが、途中で頓挫する。

実は、「九代目」の弟子だった二代目市川左團次が座元を務める明治座からも、實子と扶伎子に声が掛かっていて、そちらを選んだのだ。

帝国劇場は、西園寺公望や渋沢栄一など政財界の大物が、こぞって肩入れしている事実上の「国立劇場」で、魅力的だった。しかし開場は、まだ数年先。ますは、両天秤に掛け、すでにあり、すぐに出ることができる明治座の方を選んだのかもしれない。

それにしても、西園寺が、實子と扶伎子に女優になることを迫ったのは、帝国劇場のことが念頭にあったからに違いない。そのことはますも解っていたはずなのに、なぜ袖にすることができたのだろうか。

この点が疑問として残る。

左團次は、初代の長男で、前名は二代目市川莚升《いちかわえんしょう》。明治三十七（一九〇四）年、父が亡くなると明治座の座元を受け継いだ。三十九（一九〇六）年九月には、父の三回忌追善興行を催し、同時に二代目左團次を襲名した。追善興行は大入りで、その儲けを持って十二月から翌年八月までの間、ヨーロッパ・アメリカを回り、現地の演劇事情を視察して歩いた。

視察で学んだことを生かそうと、帰国後、明治座を「芝居小屋」からヨーロッパ風の「劇場」にしようと、大改修に取り掛かる。

「日本之名勝 明治座劇場」（国会図書館デジタルコレクション）

同時に、接客の面でも、従来の制度を「旧弊」と見て、大改革しようとする。それまでは、芝居茶屋が、客の求めに応じ、見物に必要な木札の世話から飲食の用意までした。木札は、当日、茶屋で買い、出入りの「出方《でかた》」が席まで案内し、食べ物や飲み物も席まで運んだ。席は大まかにしか決まっておらず、客が出した祝儀の額により、「出方」が差配し、席に案内していた。

茶屋が、馴染みの客を送り込んでくれるから、小屋とは持ちつ持たれつの関係でもあった。

改革後の明治座では、劇場の正面に切符売り場を設け、誰でも直接、好きな席を買えるようにした。席での飲食を禁止し、場内に食堂を設けることにした。席には、番号を振り、案内役として少年の「ボーイ」を配置した。茶屋から客を案内しても、「出方《でかた》」が祝儀を受け取ることを禁じた。それに代わり、茶屋が切符を扱った場合、手数料を劇場側から支払うようにした。

左團次は、師匠の「九代目」と同様に、改革には「女優」が欠かせないと考えていた。その象徴として、まず「九代目」の二人の娘を「女優」にしようと目論んだ。

山っ気が強く、ヨーロッパへ行く前頃から、頻繁に團十郎家へ出入りしていて、まことしやかに次女・扶伎子との結婚話を書き立てる新聞もあって、世間からは、「十代目」を狙っているのではないかとも疑われていた。それでも實子と扶伎子は、左團次の一座に加わることにしたのだ。「男女混合劇」が解禁されてからも、この時まで、「大劇場」の興行に、女性が出演することはなかった。實子・扶伎子や九女八が、追善興行の時に歌舞伎座の舞台に立ったのは、例外と言える。二人の決断は、歴史的な出来事だった。

翠扇と旭梅

「女優」になるに当たって、實子は二代目團十郎の妻の俳号から「翠扇《すいせん》」、扶伎子は五代目の妻の号だった「旭梅《きょくばい》」を名乗ることにした

實子が、「女優」になる決心をしたのは、一時の流行に乗ったのではなく、あくまで「九代

目」の遺志を受け継ぐためだった。そのことだけは、世間に誤解されたくはなかった。

その証拠に、二人は「鏡獅子」を初めて演じた時から「俳優鑑札」を持ち続けていた。実際に舞台に立てなくとも、心は役者である、ということだった。

再開場した明治座の柿落し興行は明治四十一（一九〇八）年一月十四日を初日に、二十一日間続いた。翠扇と旭梅も出演した。二人に加え、左團次の妹・幸子《さちこ》が「松蔦《しょうちょう》」、團十郎家の親戚である八代目河原崎権之助の娘・定子《さだこ》が「紫扇《しせん》」として舞台に立った。

翻訳劇に奮闘

芥川龍之介の原作を基に左團次の盟友だった劇作家・松居松葉《まついしょうよう》が書いた「袈裟《けさ》と盛遠《もりとお》」、坪内逍遥が翻訳したシェイクスピアの「ヴェニスの商人」、江戸時代後期の初演で、その後は、あまり出ていなかった「三国無双奴請状《さんごくぶそうやつこうけじょう》」、明治に入り作られ人気を呼んでいた舞踊の「元禄花見踊《げんろくはなみおどり》」が入るといった新旧・東西が入り交じった構成だった。良く言えば多彩、悪く言えば「ごった煮」だった。

翠扇は「袈裟と盛遠」の「袈裟」、旭梅は「ヴェニスの商人」の「ポーシャ」と、それぞれヒロインを演じた。

初日から、左團次の改革に反感を持つ誰かに雇われたらしい、数人のならず者が客の中に紛れ込んでいた。ならず者たちは、芝居を妨害しようと、酒盛りをしながら、役者に罵声を浴びせた。

それを止めようとする客がいて、かえって火に油を注ぎ、大荒れになった。それでも、何とか千秋楽まで漕ぎ着けた。

二月は、事実上の休演として、三月興行からは案内人を止め、従来通りの制度に戻し、「茶屋」や「出方」と折り合いをつけ、出直しを図った。翠扇・旭梅を始めとした「女優」たちも出演した。翻訳物はなく、新作も一本だけで、他は馴染みの演目を並べたが、興行的には芳しくなく、評判も散々だった。

四月の興行では、フランスの劇作家・モリエールの喜劇「結婚療法」が掛けられた。翠扇は、恋煩《こいわずら》いをする富豪の令嬢「ユサント」、旭梅は、恋の手助けをする下女の「リゼット」を演じた。

翠扇は、自分は体が小さく、とても西洋人には見えないだろう、として「其俤《そのおもかげ》だけでも写したいと思ふのがモウ苦心なので御座います」「今度の狂言では沈着《おちつ》けば声が小さくなりますし、張れば下卑《いや》しくなって仕舞って、富家《かねもち》の令嬢《むすめ》に見えますまひと思ひますと、是にも余程苦しみました」と苦労を語っている（「演藝画報」一九〇八年六月号、演藝画報社）。

「結婚療法」の翻訳者である草野柴二《くさのしばじ》は、舞台稽古に立ち会い、「役が役だけ左團次と旭梅とが最も活躍してゐる。壽美蔵の若旦那は予期したほどでなかった。翠扇の娘も日本式の娘で成人《おとな》さに過ぎた」としながらも、モリエールを掛けた左團次の意気込みを買い、「女優四人が舞台數を踏まず形式に囚へられてゐず、小心翼々慎重の態度を以て徐《おもむ》ろに進まんとするのは甚だ幸ひにして又甚だ慶すべきでいる。仏蘭西ではモリエール劇は骨董物かも知れないが、日本では初産《うぶ》、極めて新しい。此新しい芝居を新しい人がするのは最も宜しきを得て居る」(「歌舞伎」一九〇八年六月号、歌舞伎発行所)と記している。

不入りの明治座

慣れない翻訳劇に奮闘する二人だったが、相変わらずの不入りに終わった。

不入りの原因は、芝居茶屋との関係がこじれたせいだけではなかった。伝統的に歌舞伎の有力な贔屓筋だった花柳界や魚河岸などとの関係を旧弊と見て、帰国の挨拶にさえ回らなかった左團次の態度は、「西洋かぶれ」と思われ、義理人情を重んじる人々から総スカンを食らったのだった。

その後、左團次は、他の人に明治座の興行権を預け、一座を率いて大阪・道頓堀《どうとんぼり》の中座《なかざ》へ向かった。大阪の後、各地で興行を打ちながら帰って来たが、どこも上手くはいかなかった。八月になり、散々な思いで、やっと東京へ戻って来た左團次は、一座を解散。以前から誘われていた川上音二郎の一座に加わった。しばらくは、座元として劇場を所有していたが、興行からは手を引いた。

歌舞伎座へ

翠扇と旭梅は、十月の日蓮宗が経営する日宗生命保険がらみの催しに出演したのを最後に、紫扇と松蔦を残し歌舞伎座へ移る。

年が明けた明治四十二（一九〇九）年一月、翠扇と旭梅は、歌舞伎座の興行で、父との思い出が籠った「鏡獅子」で舞台に立つ。前半の「御小姓」の弥生を翠扇、春路《はるじ》を旭梅、後半の「獅子の精」は「九代目」の弟子の初代市川猿之助と八代目市川高麗蔵が演じた。

明治座で上手くいかなかった失意の二人を盛り立てようと、「九代目」の門弟たちは、必死だった。弟子を代表して七代目市川八百蔵《いちかわやおぞう》が、「團十郎家」の「柿色の裃」を付け口上を述べ、市村座に出ていた三代目市川新十郎も駆け付けて後見を勤めた。

翠扇と旭梅は、二月の興行にも出た。常磐津物の舞踊の大曲「関の扉（積恋雪関扉《つもるこいゆきのせきのと》）」で、高麗蔵を相手に、翠扇が「小町姫《こまちひめ》」、旭梅が「墨染《すみぞめ》」を演じた。

しかし、翠扇と旭梅の女優としての活動は、すぐに行き詰まる。明治四十二（一九〇九）年から二年間は、数か月に一度くらいしか出演しておらず、目立つ役はない。しかも、海の物とも山の物ともわからない新作が多かった。

明治四十四（一九一一）年からは、回数も年二回ほどになり、四十五（一九一二）年四月の興行を最後に、出演は途絶える。

消えて行く二人

ちょうどその頃、「演藝画報」の記者が、翠扇にインタビューしている。

記者が、活躍が捗々《はかばか》しくない点を突いて、「三年啼かず飛ばすといふ事がありますが、モウ、啼いても可いぢゃありませんが、飛んでも早いと罵《ののし》るものはないでせう」と水を向けると、翠扇は「妾等《わたしら》姉妹《きょうだい》が活躍したいと思ひましても、仲々お許しが出ないものですから」と答えている。その後も、翠扇の口から出るのは「何《ど》うも幕内の事情は仲々外から思ふて居ますように思ふやうに行かないもので」「演《や》りたいとは思ひますが、何うも思ふやうに行きません」（一九一一年四月号）といった役者たちの抵抗の強さを物語る言葉が並ぶ。

明治座に残った紫扇と松蔦はすでに、女優を廃業していて、二人の孤立感は強くなっていた。翠扇は、昭和七（一九三二）年十一月、歌舞伎座で催された「九代目團十郎三十年追遠興行」で、「團十郎娘《だんじゆうろうむすめ》」を踊る。「團十郎娘」は、別名は「近江《おうみ》のお兼《かね》」。七代目團十郎が初演し、八代目・九代目も踊っている市川家代々の演目。琵琶湖の畔に住む「お兼」という娘は、見掛けは楚々としているが、実は力自慢。下駄ばきで暴れ馬を押さえた、という言い伝えを舞踊に仕立てた。

その後、翠扇は、「九代目」が起こした日本舞踊「市川流」の家元として活動した。妹の旭梅は、夫の五代目市川新之助《いちかわしんのすけ》を支える生活を送り、再び表舞台に立つことはなかった。

3　女優、その後

帝劇技藝学校

翠扇と旭梅が、「女優」として活動を始めた頃、時代は、二人の頭の上を飛び越えていった。二人を左團次の明治座に攫われた帝国劇場は、明治四十四（一九一一）年の開場に先駆け、独自に「女優」養成の計画を進める。その指導者として白羽の矢が立ったのが、夫の川上音二郎と欧米諸国を公演して回り、「マダム貞奴」として脚光を浴び凱旋した貞奴だった。

明治四十一（一九〇八）年九月、貞奴は、帝国劇場からわずかながら補助金を得て、音二郎と共に、芝の桜田本郷町に「帝国女優養成所」を設立する。

経済界の大立者だった渋沢栄一は、女優養成所の開業式で、次のように演説し激励している。

日本で三百年来賤《いやし》むべからずして賤まれて居たものが三つある。第一は商人、第二は婦人、第三は俳優である。第一の商人だけは吾〳〵の力によって今日では先づ賤まれぬ地位に上す事が出来たが、婦人と俳優とはまださうは行かぬ。皆さんは其の賤まれてをる婦人であって而も同じく賤まれた俳優にならうといふのだ。吾れ〳〵実業家も昔は蔑まれた同士であるだけ人ごととは思はぬ。一層の同情を皆さんに寄すのである。(「歌舞伎」一九〇八年十月号、歌舞伎発行所)

一期生として、代議士を父に持ち、跡見《あとみ》女学校を出た「才媛」の森律子《もりりつこ》らが入った。同じ雑誌「歌舞伎」(一九〇八年十月号)に転載されているところによると、女優養成所の開場は、新聞や文芸雑誌で賛否を含め様々な議論を呼んだようだ。

芸事に強かった「都新聞《みやこしんぶん》」は「吾輩は職業其物の高下《こうげ》なきを信ずるが故に、学校卒業生が女優になれりとて敢て之を堕落と云はず、従て女優を志願せりとの一事を以て直に其人を罵倒し去るの残酷に失するを感ず。但し女優の地位は文明国と称する西洋に於ても左迄《さまで》高尚なる者には非ず。新女優志願者が今後如何にして其節操品性を維持せんとするやは悲惨なる観物なり」「現代の思想にては河原乞食《かわらこじき》てふ軽侮心は脱したれど、去りとて一般の淑女は尚女優たるを恥辱《ちじよく》とすれば、女優の志願者をお転婆なりと見放すは已むを得ざるべきも、女優の欠乏《けつぼう》は万人の認むる所にして、将来の女形は女優たらしむべき事も亦識者の感を同うする所なり」と、学歴が高い良家の女性が女優になることに対し、社会的理解が進んでいないとしながらも、その必要性は認めるとしているが、どうも歯切れの悪い言い回しだ。

それに対し「読売新聞」は「今回の事は、全く創業に属するが故に、甘《うま》く往《ゆ》かば劇界の爲に一新気運を開拓して、芸術の貢献する所夥しかるべしと雖《いえど》も、万一にも失敗する事もあらんか、之を恢復する容易ならず。養成する人も養成さるる人も、其責任の甚だ軽からざるを察し、大に奮闘して俳優の品性を高め、劇界刷新の為に勇往邁進《ゆうおうまいしん》の覚悟あらん事、我輩の希望に堪えざる所なり」と、率直にその意義を認め、声援を送っている。

文芸雑誌の「新潮」は、「第一何人が教師となって何を教へるつもりであるか。表情術といふと、日本では教へる方法として研究されて無いばかりでなく、教へる名人も無い。それから朗読術である。第一に稽古に用ゐる台帳《だいちょう》が無い、即ち教科書として価値ある脚本が皆無である」と、指導体制に対し疑問を呈している。

「新小説」に至っては「就《なかんずく》中規則なるものを一覧すれば噴飯の種ならざるはなしだ。商賣的といふ外、何等の特長を認め得られぬ。学生を取扱ふに芸妓の下地子《したじっこ》若くは娼婦取締の如き感がある。自由廃業の女郎を制裁する調子がある」と憤慨している。

しかし、間もなく、川上夫妻の運営方法や経営手腕に疑問を持った帝国劇場側は、直営にすることを決断する。

設立から一年も経たない明治四十二（一九〇九）年七月、「帝国劇場附属技藝学校」と名を改め、劇場の敷地内に校舎を建て、運営体制も一新し、再出発する。生徒は、そのまま移籍させ、一期生と位置付け、二期生を新たに募集し、十月に入校させた。

その後、「女優」は着実に増えていった。大正元（一九一二）年に刊行された『女優鑑《じょゆうかがみ》』という本を見ると、川上貞奴、森律子のほか、数年後に「カチューシャの唄」で一世を風靡する松井《まつい》須磨子《すまこ》、草創期の映画スターとなる栗島《くりしま》すみ子など九十人ほどの女優の名が記されている。その中には、翠扇・旭梅ら八人の歌舞伎女優の名もあるが、すでに活動は難しくなっていた。

豊川の娘たち

三升は、「九代目」が抱いていた「女優」の育成という夢を少しでも現実のものにしようと、翠扇と旭梅を支えたが、実は結ばなかった。

それに代わり、後年、市川三升として舞台に立つようになってから取り組んだのが「市川少女歌舞伎」の指導だった。

「子供芝居」は、幕末から明治にかけ人気で、ここから大人の役者として育つことも多かった。明治末から大正には、「宝塚」を筆頭として、各地に続々と少女歌劇団が誕生した。この「子供」「少女」という、いつの時代も人気を呼ぶキーワードから生まれたのが「少女歌舞伎」だった。

「市川少女歌舞伎」の役者は、戦後、愛知の豊川《とよかわ》で、日本舞踊を習っていた少女たち。豊川は、戦前から歌舞伎が盛んな土地柄。代表が都会の劇場に行き、セリフや所作を覚え、帰って来て仲間たちに教えて上演する「万人講《まんにんこう》」という独特の仕組みがあった。

日本舞踊を稽古していた娘に芝居も演じさせたいという熱心な親たちがいて、動いたのが発端。

少女たちは、十二歳を頭に七歳から九歳が中心の七、八人だった。

親たちが人を介して相談したのは、素人上がりながら、芝居好きが嵩じて、一座を率いて九州から関西にかけての一帯を巡業して歩いていた市川団吉《いちかわだんきち》。それらしい名前だが、「市川宗家」とは何の縁もない、いわゆる「ドサ回り」の役者だった。

娘たちの筋の良さに驚いた団吉は、踊りの師匠だった妻と一緒に稽古を付けるようになり、おさらい会を催すと大評判になった。やがて、少女たちは、各地の余興や祭礼に引っ張りだことなり、昭和二十六（一九五一）年には静岡県の浜松座と専属契約を結ぶまでになる。

市川少女歌舞伎

予てから娘たちの一座に、「市川」の名を被せることを熱望していた団吉は、かつて東京の舞台にも立っていた役者で、その頃は隠居して近くに住んでいた市川海老十郎《いちかわえびじゅうろう》に相談し、連名で、三升に願い状を送る。

間もなく、「市川」の名を使うことを許す、という返事が届いた。併せて、団吉も、「市川升十郎《いちかわますじゅうろう》」の名をもらう。これで、晴れて「市川宗家」の門弟となった。

昭和二十七（一九五二）年の七月下旬から六十日間にわたり、「市川少女歌舞伎」は、浜松座で旗揚げ興行を打つ。興行は、大盛況で、専門誌の「演劇界」も取材に来て、グラビアページに記事が載る。この頃には、その人気は、東京・大阪・名古屋など大都市の演劇関係者の耳にも届

6月の新刊 ●10日発売 ちくま学芸文庫

価値の社会学
作田啓一

価値はいかにして生まれるのか。社会的価値の理論を練り上げ、近代日本の深層構造を鮮やかに析出する。戦後の社会学を代表する名著。（出口剛司）

51241-3
1980円

沖縄戦記 鉄の暴風
沖縄タイムス社 編

第二次大戦中二〇万人もの命が奪われた沖縄戦。本書はその惨状を体験者から聞き取り綴った克明な記録だ。現代史第一級の史料を初文庫化。（石原昌家）

51244-4
1760円

時間と死
中島義道 ■不在と無のあいだで

「自分が死ぬとしたら人生には意味がない」？ 客観的世界が仮象であるならば、違った転換が可能になる。著者が積年の問題に、遂に解答をあたえる。

51245-1
1210円

ポパー〔第2版〕
小河原誠

哲学者ポパーの信頼できる伝記として、また最新研究に基づくポパー哲学全体を俯瞰できる最良の入門としても広く読まれてきた定番書、待望の第2版。

51249-9
1760円

6桁の数字はISBNコードです。頭に978-4-480をつけてご利用下さい。
内容紹介の末尾のカッコ内は解説者です。

くようになっていた。

この年の十一・十二月、二か月にわたり、名古屋・大須にあった新歌舞伎座に出演する。小さな劇場だったが、初めての大都市での公演だった。

この時の公演には、三升も東京から駆け付け、二階席の正面に陣取り、「ダメ出し」をするほどの熱の入れようだった。

この公演は、演劇評論家から喝采を浴びた。

大江良太郎《おおえりようたろう》は「舞台が悪達者でなく、荒んでゐず、誠実で、品格のあるのに、先づもって好意が持てたのである」(「演劇界」一九五三年二月号、演劇出版社)、木村菊太郎《きむらきくたろう》は「予想以上にキチンキチンとした楷書の舞台で、しかも全幕を流れる清純さは、この一座の最大の魅力である」(「幕間」一九五三年二月号、和敬書店)と評している。

この勢いのまま「市川少女歌舞伎」は、昭和二十八(一九五三)年二月の東京の三越劇場を皮切りに、わずか二年ほどの間に、東京の明治座、京都の南座《みなみざ》、大阪の四ツ橋文楽座《よつばしぶんらくざ》・中座、名古屋の御園座《みそのざ》と全国各地の名だたる大劇場に出演を果たす。

入りも良く、終演後、すぐに再演の依頼が入るほどだった。

惜しみない尽力

これも、三升の惜しみない尽力があってこそだった。

三升が声を掛け、三代目市川壽海《いちかわじゆかい》、九代目市川海老蔵、二代目中村鴈治郎、二代目尾上松緑といった一流の役者たちが、わざわざ豊橋まで稽古を付けに行った。「新口村《にのくちむら》」「伊勢音頭《いせおんど》」「茨《いばら》木《き》」から「歌舞伎十八番」の「勧進帳」や「鳴神」まで習い、演じた。

少女たちに「市川」の姓を使うことを許し、名は本名を名乗っていたが、幹部に昇進すると、芸名を与えた。

三升は、自ら「市川少女歌舞伎の歌」を作詞した。次のような歌詞だった。

> 遠き神代のむかしより、うずめの尊が舞たもう、姿を写す神楽だに、出雲の阿国がわざおぎを、つたえつたえて今ここに、めぐみも深く敬《うやま》いて、いそしみ我らはか弱くも、乙女心の一筋に、いざや励まん我らの歌舞伎、我らの歌舞伎。（編集構成・舘野《たちの》太朗《たろう》、監修・市川梅香《いちかわばいか》『市川梅香聞き書き』二〇一五年）

関西で活躍していた演劇評論家の高谷《たかや》伸《しん》は、後に三升の死に際し、追悼文の中で、「市川少女歌舞伎」との関係について触れている。南座に出ている時、ちょうど四ツ橋文楽座に「市川少女歌舞伎」が出演していて、三升はわざわざ大阪まで見に行った。南座の楽屋で、三升から一座の成功を心から願っていると聞いた高谷は「彼が市川少女歌舞伎に一つの愛情を注いでゐたことは、九代目の意思に拘らず彼が亡妻翠扇やその妹旭梅によって完成されなかったものを育てて行かうとの意思ではないかとふと思ふことがある」と記している（「幕間」一九五六年三月号、和敬書店）。

「女優座」

昭和三十一（一九五六）年二月に三升が亡くなり数年が経つと、少女たちが大人になって来たことなどもあり、「市川少女歌舞伎」の活動は行き詰まりを見せる。

昭和三十四（一九五九）年、浜松座との専属契約を解消し、独立する。

三升が亡くなった後、「市川宗家」となった海老蔵と升十郎は、折り合いが悪く、関係に亀裂が入る。

昭和三十五（一九六〇）年、「市川少女歌舞伎」は、「市川女優座」と改名する。これは、升十郎によると、海老蔵の独断だった。

改称に際しては、浜松座や松竹も巻き込んで、大揉めに揉めた。升十郎は、その著書の中で、「実際上は運営には何んの関わりも持たぬ十一代目市川團十郎と、ゆりかご、乳母車になって少女歌舞伎を育みその運営に総力を挙げて努力してくれた浜松座と松竹の大谷竹次郎まで巻き込んでいやなトラブルが起りました。私は宗家十一代目と浜松と松竹の渦巻の中でキリキリ舞をいたしました」「自分の言い出したことを一歩もひかぬ問答無用の宗家との考へれば考えるほど訳の分らぬ闘いのために私は身をすりへらしました」（市川升十郎『かぶき人生』豊文堂、一九八三年）と海老蔵に対する激しい非難の言葉をこれでもかというほど連ねている。突然、「女優」という言葉を持ち出され、昔気質の役者の升十郎が、困惑したのは、よく解る。

海老蔵は、性格的に言葉足らずのきらいがあり、誤解を招くことが多かった。その心の内を推測するに、改名は、「九代目」の「女優」という言葉に対するこだわりを尊重したものであったのではないだろうか。

「女優」という言葉は、「九代目」、そして三升にとって特別な意味を持っていた。海老蔵は、少女歌舞伎のその後について、特段の展望があった訳ではないが、「十一代目」になることを宿命づけられていた身にとって、「女優」という言葉は、どうしてもこだわらなければならない言葉だったのかもしれない。

第五章

役者・三升

1　宗家継承

個性派揃いの門弟

團十郎家の当主は、歌舞伎界では「市川宗家」という特別な呼ばれ方をされる。「宗家」とは、「歌舞伎の宗家」という意味も含む。明治三十六（一九〇三）年九月、九代目團十郎が亡くなると、葬儀の前に、三升は門弟を集めて、あらためて、自分が「九代目」の後を継いで「宗家」となることを告げ、家名に恥じないよう努力をするが、後押しをしてくれるよう頼んだ。門弟たちからは、役者ではないが、家の繁栄のため尽くして欲しい。及ばずながら、我々もお手伝いします、といった応えが返って来た。

師匠譲りで、門弟たちも個性派揃いだった。「九代目」が亡くなった時、豊原国周《とよはらくにちか》が描いた「死絵《しにえ》」が出回った。一枚物が多い中で、「九代目」の「死絵」は珍しく三枚綴り。人気の高さを表わしている。中央に「九代目」が死に装束で横たわり、その回りを夥しい数の門弟を始めとした役者や歌舞伎関係者が取り囲んでいる。頭上に浮かぶ雲の上には、すでに亡くなっている役者たちの姿が描かれ

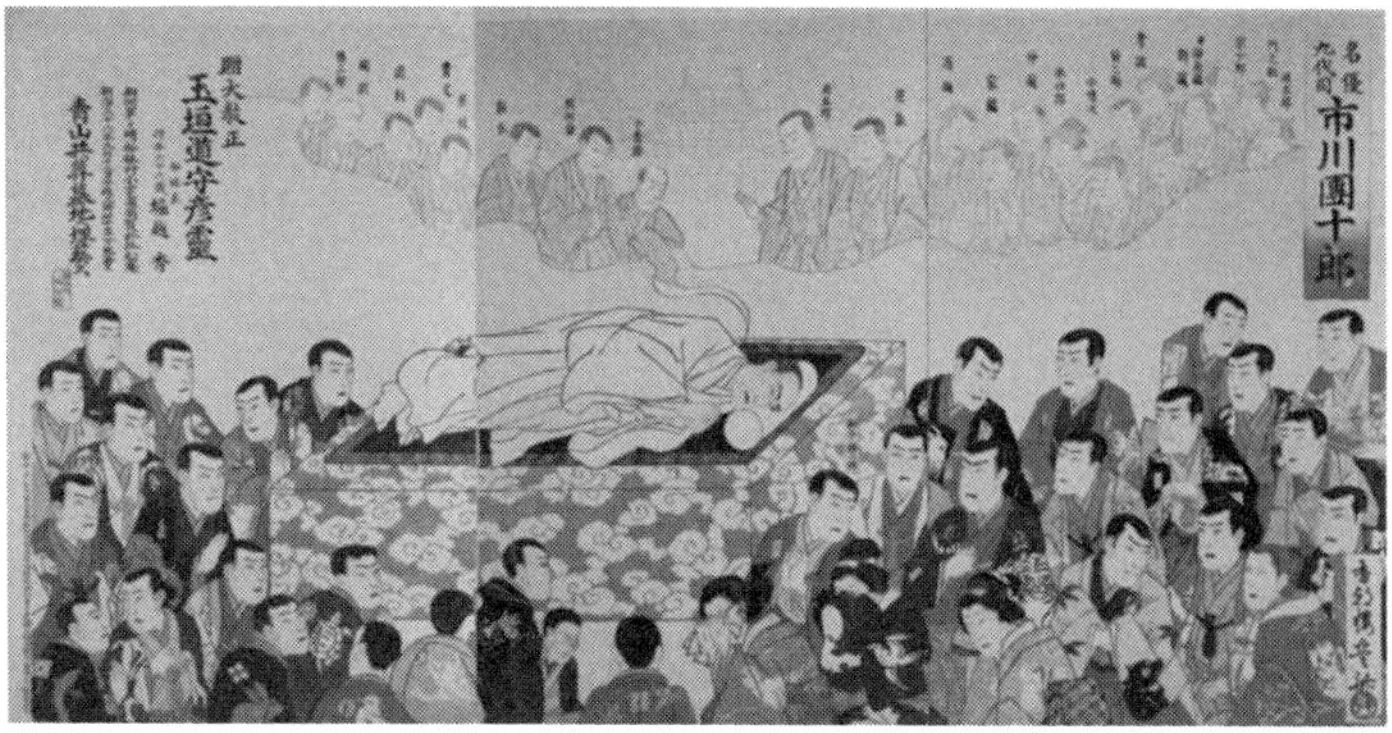

豊原国周「名優九代目市川團十郎」

ている。

明らかに、入滅する釈迦を夥しい数の動物たちが、悼むようにして取り囲む「涅槃図《ねはんず》」を模している。死を悼みながらも、洒落気《しゃれつけ》があり、歌舞伎役者の「死絵」らしい。同時に、歌舞伎界において「九代目」は、釈迦に匹敵するほどの存在であったことの証でもある。

「死絵」の中で、ただ一人だけ名前が記されている人物がいる。それが「嗣子・福三郎」だ。役者でなく興行関係者でもない福三郎が、特別な形で「死絵」に描かれているのは、その後の福三郎が歩んだ道を暗示させるものがある。「九代目」が亡くなった日から、福三郎は、単なる「堀越家の婿」から歌舞伎の歴史を背負う「市川宗家」となった。

この時、福三郎が置かれていた状況を知るため、主な門弟を拾ってみよう。

「團菊左」の一角——初代市川左團次

まず別格は、初代左團次。天保十三（一八四二）年、芝居の床山《とこやま》の息子として大坂に生まれる。三兄弟の次男で、他の兄弟も役者となった。兄と共に「子供芝居」に出ていたが、父を亡くした後、十三歳で兄と同じく、かつて大坂の芝居小屋に出ていた四代目市川小團次の弟子となり、小米《こよね》を名乗る。二十歳を過ぎて升若《ますわか》と改名する。元治元（一八六五四）年、江戸へ行き、左團次の名をもらうと共に、師匠・小團次の養子となり、舞台に立つ。

左團次が舞台に出て編み笠を取って顔を見せると、それだけで沸くほどの男ぶりだった。一方で、大坂訛りが抜けず、失笑を買うこともあった。

慶応二（一八六六）年、小團次が亡くなってしまう。親しかった作者の河竹新七が後ろ盾になるが、左團次に思うような役が付かなかった。

パッとしない左團次を何とかしようと新七は、明治三（一八七〇）年、背水の陣で「樟紀流《くすのきりゅう》花見幕張《はなみのまくはり》」を書く。江戸幕府四代将軍・家綱《いえつな》の時代、軍学者・由井正雪《ゆいしょうせつ》を首謀者として浪人たちが反乱を企てた「慶安事件《けいあんじけん》」を素材とした演目。左團次は、正雪の腹心・丸橋忠彌《まるばしちゅうや》を模した役だった。これが左團次の当たり役となった。

明治二十六（一八九三）年、左團次は、千歳座《ちとせざ》を引き継ぎ、西洋式の劇場として再建された明治座に出演する。実際は左團次が座主だったが、開場の時は座頭ということになっていた。これ以降、東京では、明治座以外の舞台に立つことはなかった。

当初は持ち前の容姿の良さから「白塗り」の色男の役だったが、「敵役《かたきやく》」を演じるようになって大成した。時代物と世話物の両方をこなし、「九代目」や五代目尾上菊五郎の相手を務めた。「天覧歌舞伎」にも出演するなど、「團菊左」の一角として明治の歌舞伎界を代表する役者だった。

息子に二代目市川莚升（後の二代目左團次）がいた。

口跡の悪さが仇――五代目市川小團次

嘉永三（一八五〇）年、四代目市川小團次の子として江戸に生まれる。四代目には、養子の初代左團次がいて一人前になりそうだったので、奉公に出される。

しかし十三歳の時に、振付師の花柳壽輔《はなやぎじゆすけ》の内弟子となり、芸の道に入る。慶応二（一八六六）年に父が亡くなると、翌年、十七歳で、子團次を名乗り、左團次がいた市村座で初舞台を踏む。

明治十一（一八七八）年、父の名跡を継いで五代目小團次となった。

その後、十二（一八七九）年二月には翻案劇「人間万事金世中《にんげんばんじかねのよのなか》」の現代風の活発な娘、七月には金の為に男を殺し、「毒婦」として世間を賑わせた事件を実録物に仕立てた「綴合於伝仮名書《とじあわせおでんのかなぶみ》（高橋お伝）」で、毒殺される夫の浪之助《なみのすけ》を写実的に演じ、評価を高めるきっかけとなった。

立役から敵役・女形まで、時代物も世話物もこなし、一時的に人気は出たが、口跡《こうせき》の悪さが仇となり、あまり良い役は付かなくなっていった。

左團次の本拠地として明治二十六（一八九三）年に開場した明治座でも、番付上は重く扱われていたが、目立った活躍はしていなかった。

一度は破門の憂き目――初代市川猿之助

安政二（一八五五）年、殺陣《たて》の名人だった大部屋役者の息子として江戸に生まれる。十三代目市村羽左衛門（後の五代目尾上菊五郎）に弟子入りし、六歳の時に、坂東羽太作《ばんどううたさく》の名で初舞台を踏む。その時の演目は、「湯殿《ゆどの》の長兵衛《ちょうべえ》」で、初代河原崎権十郎（後の九代目市川團十郎）が演じた幡随《ばんずい》長兵衛の倅《せがれ》の役だった。

その後、「子供芝居」に出ていたが、父に付いて行き、二年ほど大坂の舞台に立つ。東京へ戻って、市村座に出ているうち、團十郎に気に入られ、十九歳の時、望まれて門弟となり、山崎猿之助を名乗る。

しかし配役への不満から團十郎のもとを飛び出て、名も松尾猿之助と改める。この時、元々は「小芝居」の小屋で、東京府令で、「劇場」になったばかりの格の低い中島座に出て、無断で「勧進帳」の弁慶を演じたことが團十郎の怒りを買い破門される。このため、新興の劇場や旅回りが、もっぱらになった。

苦労した末、二十三（一八九〇）年に破門を解かれ、市川猿之助に改名して、歌舞伎座の舞台に立つ。しかし、あまり良い役は付かなかった。「九代目」が熱心だった「演劇改良」の流れの中にある新作・旧作の改作・新たな演出といった場合には、なおさらだった。ケレン・軽業・舞踊と何でも器用にこなしたが、風采があがらず、「小芝居」の劇場が中心で、歌舞伎座の舞台に立つことはしばらくなかった。明治三十八（一九〇五）年、「九代目」の「三年祭」の追善興行で立った時は、八年ぶりだった。役は、因縁の「勧進帳」の弁慶だった。

無理やり門弟にされる――七代目市川八百蔵

門弟の中で微妙な立場だったのが七代目八百蔵だ。安政七（一八六〇）年、京都の両替商の長男として生まれる。五歳で、伏見で「子供芝居」の舞台に立ち、一家が大坂に移り住むと、七歳で、二代目尾上多見蔵《おのえたみぞう》に弟子入りする。多見蔵は、三代目尾上菊五郎の門弟だった。尾上常次郎《おのえつねじろう》や中山鶴五郎《なかやまつるごろう》の名で巡業していたが、明治十二（一八七九）年、上京すると、七代目市川八百蔵の名で、中村座に出る。八百蔵の名は、それまで六代続いていた大名跡で、中村座の座元の中村勘三郎家に預かりになっていた。

翌年一月、「九代目」が、新富座で「地震加藤《じしんかとう》」を出すことになった時、役者が足りなかったため、猿若座と掛け持ちすることになった。これが、「九代目」と共に舞台を勤めた最初だった。あまり良い役は付かなかったが、十七（一八八四）年十一月、猿若座で、病気になった市川権十郎の代わりに、「九代目」を相手に、「高時」の大仏陸奥守《おさらぎむつのかみ》、「越後騒動《えちごそうどう》」の関根弥次郎《せきねやじろう》を演じたことにより、一躍、認められる。

二十一（一八八八）年に、「三升会」が発足すると、「九代目」から入るように言われ、あらためて門弟となる。八百蔵は、この時の経緯について「無理から弟子になるといふのですから一寸《ちよつと》迷惑な訳《はなし》でした。併し先方では市川八百蔵といへば家の弟子であるのだから、理屈はない筈だが、彼是いふのなら己《おれ》の方は己の方で、勝手に市川八百蔵を作るからといふので、何も敵対することもないと思ひまして泣き寝入になって仕舞ったといふのが、堀越さんとの師弟の間柄なのです」(「歌舞伎」一九〇五年十一月号、歌舞伎発行所)と語っている。名跡は、猿若座の座元からもらったもので、今さら、門弟になろうとは思わなかったのだ。「九代目」は、かなり強引で、八百蔵は不承不承だった。

方々の劇場で主役を演じるようになったが、明治二十二(一八八九)年に歌舞伎座が開場すると、「九代目」の脇役として重宝されるようになる。

芸風に少し固いところがあったが、台本の解釈は正確で、セリフを疎かにせず、その上、雄弁という、團十郎好みの役者だった。「九代目」が亡くなると、歌舞伎座でも主役を勤めるようになる。

師匠を慕う若手――八代目市川高麗蔵

八代目高麗蔵は、「九代目」の門弟としては珍しく子飼いだ。著書の中で「私は故人團十郎を思ひ出す毎に、いつもほんとうに良い師匠を持ったと、自分の幸福を感謝しないではゐられないのです」と、師匠を心底慕う気持ちを露わにしている。

明治三(一八七〇)年、伊勢の土建屋の三男として生まれ、母に連れられて上京。母が営んでいた饅頭屋の客だった振付師・二代目藤間勘右衛門に見込まれ、五歳の時に養子となり、金太郎に改名した。

十一歳で、養父と付き合いが深かった「九代目」に弟子入りし、市川金太郎《いちかわきんたろう》を名乗る。「子供芝居」に出ていたが、十二歳の時、春木座で「盛綱陣屋《もりつなじんや》」の小四郎を演じて初舞台を踏む。十五歳から七年間は、「九代目」の自宅に住み込み内弟子として修業した。この時代に、立役ばかりでなく女形も仕込まれた。

明治二十二（一八八九）年、四代目市川染五郎《そめごろう》を襲名するが、「九代目」が亡くなる四か月前の明治三十六（一九〇三）年五月、高麗蔵を襲名した。名跡にこだわることに否定的で、染五郎のままで通そうと思っていたが、名跡が途絶えるのを惜しんだ関係者たちのたっての願いで襲名したのだった。

子飼いは一人

こうやって主な門弟たちの経歴を見ると、意外なことに、子どもの頃から傍にいたような子飼いは高麗蔵ただ一人。左團次と小團次は、四代目小團次の養子と実子。市川猿之助は、破門されていたり、芸質が合わなかったりで、あまり一緒の舞台に立つことはなかった。八百蔵は、本人が門弟という意識は希薄だった。

福三郎が「宗家」になった時、気心が知れていたのは、大磯の別荘で、よく遊んだ高麗蔵くらいのものだが、まだ若く頼りにはならなかった。

2　突然の役者志望

決意のきっかけ

「九代目」が亡くなって二か月後の明治三十六（一九〇三）年十一月、芸談をまとめた『團州《だんしゅう》百話《ひゃくわ》』という本が出版された。その中に「中年の俳優」という文章がある。

中年からにては好《よ》き俳優《やくしゃ》になれぬものとしてあれど、現に死《しん》だ鶴蔵杯《など》は廿歳後迄《のちまで》鶴岡三翁《おうし》氏の方にて、奉公為し居りし者なるも、後には立派な役者となりたり、然れば中年からなればとて、一概に好い役者になれずとは云可《いふべか》らず、其例他《た》にも最多《いと》し。（松居眞玄『團州百話』金港堂書籍、一九〇三年）

福三郎も、この文章を読んでいたことだろう。

これまでの福三郎の経歴についての文章は、どれも三十にもなって、突然、役者になったことには注目しているが、そのきっかけや理由について記したものはない。

しかし、福三郎の評伝を書く上では、最も解明しなければならない点でもある。

調べても、なかなか解らなかったが、ある時、福三郎自身が、そのきっかけについて、語っているインタビュー記事を見つけた。

その記事は、明治の末から昭和の初めまで発行され、この間の歌舞伎界をよく知ることができる雑誌「演藝画報」に載っていた。

記事によると、妻の實子と義理の妹の扶伎子が、女優として初舞台を踏んだのがきっかけだったとして、次のように語っている。


私は此時自身も俳優にならうと云ふ決心をしましたのです、勿論家内の者にも発表はしませんでしたが、銀行の方も断然辞して了《しま》ひました、これぞ私が俳優になる動機なり端緒でもあります。（「演藝画報」一九一二年九月号、演藝画報社）

實子が「翠扇」、扶伎子が「旭梅」として明治座で初舞台を踏んだのは明治四十一（一九〇八）年一月。二人が、「女優」となる決意をしたのを見て、福三郎の心の中に、自分も役者になろうという思いが、フツフツと湧き上がって来たのだ。

一方で、理由について明確に語った資料は見つかっていない。

福三郎の胸の内を推測すると、一つには、家族の中で、年老いた義母の「ます」を除けば、自分だけが「幕内の人間」ではないことから来る疎外感があるのではないだろうか。

家族・門弟に宣言

この「演藝画報」の記事からは、その後の福三郎の動向も解る。

思いを誰にも語らないまま、銀行勤めをやめ、密かに準備に取り掛かった。

できるだけ芝居を見るだけでなく、これまでとは違い、「萬事研究修養の態度」で見た。門弟が来れば、時を逃すまいと芝居の話を聞いた。

福三郎は、これまで、「助六」にも使われることから「市川宗家」と、縁の深い「河東節」を素人稽古しているだけだった。しかし役者になるには、歌舞伎の音楽を理解していなければならない。そのため、義太夫《ぎだゆう》や長唄、それに囃子《はやし》の一つである小鼓《こづつみ》の稽古を本格的に始めた。

周囲の者は、趣味人の福三郎のことだから、銀行を辞めて、道楽に走ったとでも思っていたかもしれない。

準備が整うと、福三郎は、まず心の内を義母のますに打ち明けるが、すぐには賛同を得られなかった。役者稼業の厳しさ、「九代目」が堅気の婿を望んでいたこと、そして福三郎の年齢を考えると、無理からぬことだった。それでも、福三郎の決心の固さを見て、最後には許してくれた。

次に伝えたのは親戚や門弟たち。それまで、銀行員だった福三郎が、突然、百八十度も違う役者になると宣言したものだから、門弟たちの間には、当然の如く戸惑いが広がった。それでも、当主が言うことだから、表立って異論を唱えようという者はおらず、取り敢えず了承とする形で収まった。

奥役・新井半二

では、福三郎が、ますや門弟たちに、決意を語ったのは、いつだったのだろうか。勿論、實子が「翠扇」として明治座の舞台を踏んだ明治四十一（一九〇八）年一月以降であることは間違いない。

しかし、福三郎は、「演藝画報」の記事の中でも、いつだったかについては語っていない。手がかりとなるのは、「其当時《そのとうじ》妻と妹とは、大阪へ興行に参って居ましたが、それを打上げてから新井《あらい》半二《はんじ》さんに送られて帰りました」（「演藝画報」一九一二年九月号、演藝画報社）という記述だ。

福三郎は、この「新井半二」こそ、役者への道を手引きしてくれる格好の指南役と見込んでいた。新井が来るとわかり、これを千載一遇の好機と見て、事前にますや門弟たちに打ち明けたのだ。

二人が、興行で大阪へ行ったのは、明治四十一（一九〇八）年、明治座の四月興行が終わった後。一月から不入りが続き、もうどうしようもなくなり、逃げるように大阪へ向かった二代目市川左團次の一座に加わった時のことだ。

一座が、東京へ帰って来たのは八月だったから、福三郎が、ますや門弟たちに、決意を語ったのは、この前だろう。

實子に言ったのは、いつなのか、記事の中では、全く触れられていないが、さすがに、ますや門弟たちより先、大阪へ向かう前だったはず。實子は、自分も、すでに役者の世界に飛び込んでいたから、今さら、反対の仕様はなかったことだろう。

では、「新井半二」とは、どういう男なのだろうか。新井は、始め「大清」という大阪有数の「仕打《しうち》」で、角座の座本も兼ねていた和田清七《わだせいしち》の手代をしていた。「仕打」とは、上方の興行界特有の存在で、名目上の興行権を持っている「座本《ざもり》」に代わり、興行全体を仕切る実質的な興行主。その後、新井は、「関西の守田勘彌」と言われた沢野新七が経営する「尾張屋《おわりや》」に手代として移る。

新井の手代としての仕事は、「奥役《おくやく》」と言って、役者の間を飛び回り、配役や給金から厄介な揉めごとまで、楽屋の一切を調整する仕事だった。

大阪でも有名な「奥役」だったが、世辞が上手く、「いいこと言いの半二」と陰口を叩かれることもあった。しかし、これは仕方がないことで、役者の機嫌を損ねてしまうと、幕が開かないからだ。「奥役」として優秀だったことの証だ。

新井と同時期に東京で活躍した名奥役の細井《ほそい》弥《や》三郎《さぶろう》は、次のような「奥役十訓」を残している。

一　奥役は役者より賢く見えて悪し、役者より物知りに見えてなお悪し、彼奴は間抜けだなと言われる位が頃合の処である。
二　負けるは勝つなり、役者に勝てば必ず後難あり、太夫元に勝つは最も悪し、数段劣る位が出生の基と知るべし。
三　早用早使いは小僧の役なり、太夫元の考えは猫の目のように変るが常なり、用事をためるは注意なり、早まるは失策が多いと思え。
四　衣服持物は質素にすべし、時好に適する物を持つべからず、内々に収入があったように思われる。
五　お世辞はいうべし、ゴマはするべし、世辞やゴマすりは嫌いだという人ほど、ゴマの利き目広大なり。〔以下略〕（木村錦花『興行師の世界』青蛙房、一八九九年）

新井自身も、「役者への交渉はまず奥方から先へ殺してかかれ、役者の女房は亭主よりも強し、物を貰ったら大いに物喜びをして見せ、脅かされたら仰山に驚いて見せるべし、バカと思われる位が丁度よし、脂の乗った時には面白いほどウソはつけるが、年五十を過ぎるとその根《こん》を失い、厭だと思ったら半日も勤まる家業でなし」と説いている（前掲『興行師の世界』）。

実際の新井は、「バカ」ではない。実に利口な男だった。文章が書け、台本作者も兼ねていた。能筆家で、上方の芝居文字「網屋流《あみやりゅう》」の名人でもあった。役者の前では、巧みに、その利口ぶりを隠していたのだ。「團菊左」全員を大阪の舞台に立たせたのも、新井ただ一人だ。

心強い指南役

明治三十一（一八九八）年、九代目團十郎が、梅田にできた大阪歌舞伎座の柿落しに出演した時、全てを仕切ったのも新井だった。

新井は、七代目團十郎の頃から「市川宗家」に出入りしていて、「九代目」に、もし大阪へ行くようなことがあったら、ぜひ私に仕切らせてください、と頻りに売り込んでいた。新井は、目端の利く男だった。

「九代目」は、兄の八代目團十郎が、そこで自殺していることから、大阪は不吉だとして、行くのを避けていた。

ところが、福地源一郎（桜痴）を通して、大阪歌舞伎座の座主から、柿落しに出でくれるよう頼まれた。気が進まない「九代目」は、わざと、とても応じ切れないような条件を付けた上で、「尾張屋」の手代だった新井に交渉を任せた。

新井は、見事に相手に条件を飲ませ、興行も大成功だった。

これで、新井は、「九代目」の信頼を得る。

福三郎は、「市川宗家」と言っても、それまでは表の世界しか見て来なかった。役者は、「役者子ども」と言う言葉があるように、独特の閉鎖的な世界で育ち、なりは大人でも、心は子供じみたところが、往々にしてあった。そういった役者同士のいざこざに首を突っ込むこともなかったが、今度は、そういう訳にはいかない。「常識人」の福三郎にとっては、未知の世界に等しかった。

そんな福三郎にとって、歌舞伎界の表も裏も、役者の気持ちも、知り尽くした新井は、心強い指南役だった。

上方一の人気役者

福三郎の決意を聞いた新井は「そう御決心が極まったのなら、今更何も申し上げませんから、御先代同様御尽力いたしましょう」と快く応じた（「演藝画報」演藝画報社、一九一二年九月号）。

福三郎は、門弟たちに厄介を掛けるのは不本意だとして、大阪へ行きたいと言った。大阪で、しばらく修業した上で、東京の舞台に立とう、という腹積もりだったのだろう。

すると、新井は、どうせ面倒を見てもらうなら、名優が良いだろうと、初代中村鴈治郎へ弟子入りすることを勧める。これには、福三郎も異存はなかった。

鴈治郎は、当時、上方随一の人気役者で、「道頓堀五座《どうとんぼりござ》」の一つ・中座を五か月連続で大入りにしたこともあったほどだった。

明治二十三（一八九〇）年一月、「九代目」は、初めて京都へ行き、花見小路《はなみこうじ》の祇園座を大改修して、名を変え新たに開場した祇園館の柿落しに出演する。新富座の座元で、「演劇改良運

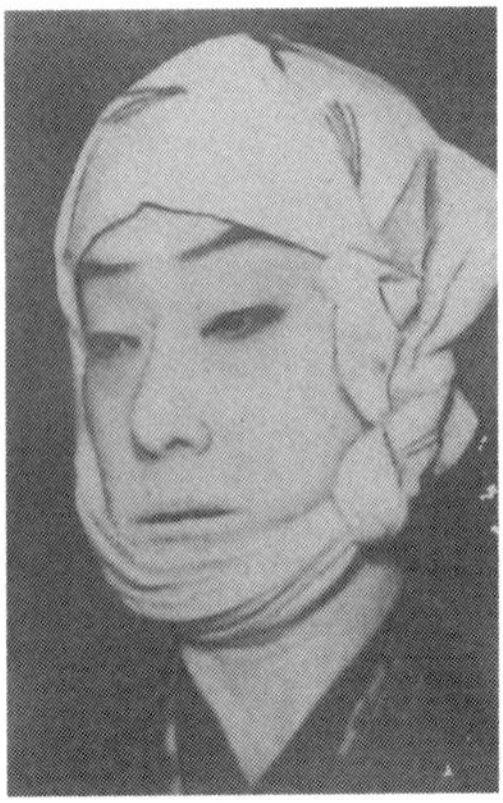

初代中村鴈治郎（『鴈治郎自傳』大阪毎日新聞社）

動」の盟友でもあった守田勘彌の仕切りだった。

守田は、この時の興行に、大阪から鴈治郎を加えようと、人を介して交渉した。鴈治郎にとって、「九代目」は、長年の憧れの存在。「包紙《つつみがみ》」と言って出演料の額を問わない、という不利な条件も飲むほどの二つ返事だった。

数年前に亡くなっていた父・三代目中村翫雀と付き合いが深かった「九代目」は、鴈治郎を引き立てようと、心配りをした。「一谷嫩軍記《いちのたにふたばぐんき》」では敦盛《あつもり》、「鈴ケ《すずが》森《もり》」では権八《ごんぱち》、「忠臣蔵」で勘平《かんぺい》と大役を振った。鴈治郎は温情に応え好演し、「九代目」も絶賛した。

「九代目」から、東京へ出るよう勧められ、もし来たら世話をしようとも言われた。これを聞いた鴈治郎は「一座するばかりでも喜びであったその上、かういふ言葉まで聞いて私はすっかり感動してしまった」と語っている（中村鴈治郎『鴈治郎自傳』大阪毎日新聞社、一九三五年）。

この年の五月、鴈治郎は初めて上京し、新富座と歌舞伎座に掛け持ちで出演する。歌舞伎座では、「実録忠臣蔵」の内蔵助《くらのすけ》と清水一角《しみずいっかく》、「絵本太功記《えほんたいこうき》」の武智光秀《たけちみつひで》と武智十次郎《たけちじゅうじろう》で、「九代目」と共演した。「九代目」は、初お目見えの口上までも述べてくれた。

これをきっかけに、鴈治郎は、「九代目」に、一層心酔する。明治三十五（一九〇二）年には、

「市川宗家」とも縁が深い成田山新勝寺に参詣のため上京。「九代目」の築地の家にも立ち寄っていたから、福三郎も面識はあったはずだ。

しかし、親しい間柄というほどではなかったからか、新井に仲立ちを頼んだ。

鴈治郎に弟子入り

新井が取り次ぐと、鴈治郎からは、先代に世話になったから、恩返しのため、ぜひ世話をさせて欲しい、と快諾する返事が返って来た。

福三郎は、その後の行動として、「演藝画報」の記事の中で「当時鴈治郎さんの旅宿《やど》であった水明館を訪れまして、師弟の契約を致しました」を語っている。

しかし、これだけでは、二人が、いつ会ったのか、そして「水明館」といっても、それがどこにあったのか解らない。大阪まで福三郎が出向いたのか、あるいは鴈治郎の旅興行の先まで追っかけて行ったのか……。

果たして、いつ、どこでだったのだろうか?

實子を送って東京へ来た新井と福三郎が会った明治四十一（一九〇八）年八月以降、鴈治郎が上京したのは、明治四十二（一九〇九）年十月の歌舞伎座での興行の時だ。新井と福三郎が会ってから一年ほど後になる。今の感覚なら、承諾を受けてから、会うまで、随分と間が空いているように思えるが、新幹線は走っておらず、メールもない時代。大阪と東京の距離は、驚くほど遠かった。一年ほど空いていても不自然ではない。

この時、鴈治郎は、興行会社・松竹を起こした白井松次郎《しらいまつじろう》と一緒だった。鴈治郎と白井は盟友だった。京都を発祥とし、大阪まで勢力を拡大していた松竹にとって、東京へ進出するのは初めてだった。

九等鑑札

『鴈治郎自傳』や『近世劇壇史・歌舞伎座編』を見ると、木挽町の水明館という旅館が度々、登場する。関西から上京する歌舞伎関係者の定宿で、鴈治郎とは、縁続きだったらしい。

つまり、福三郎と鴈治郎は、明治四十二（一九〇九）年十月に、この水明館で「師弟の契約」を結んだと考えられる。

福三郎と会った鴈治郎は、「中年からの修業ではあり、無経験の事であるから、ともかくも地方を廻った方が得策であらう」と言った（「演藝画報」一九一二年九月号、演藝画報社）。失敗しても目立たないで腕試しができると考えたのだ。

「都新聞」は、明治四十二（一九〇九）年十二月十一日付の紙面で「成田屋の末路 養子福三郎愈々俳優となる」という見出しを付け、福三郎が役者のなるうとしていることを報じている。財産目当ての新井が、煽っているとか、役者になろうとしてのは夫婦仲が悪いからだとか、面白可笑しく書き立てていることから、この頃には、すでに世間で噂になっていたことだけは確かだ。

役者として舞台に上がるには「俳優鑑札」がなければならなかった。「俳優鑑札」は、地方税の一種の俳優税を納めると発行された。

制度は、それぞれの府県によって違った。東京の場合は、課税額は、一等から九等までの等級ごとに決められていた。各役者の等級は、劇場主や役者が集まって自主的に決められた。とりまとめのため、明治二十二（一八八九）年、日本俳優協会の前身である「東京俳優組合」が設立された。

通常なら、課税を嫌がりそうなものだが、江戸時代には、「河原乞食」「世外《せがい》の徒」と蔑まれ、士農工商の身分制度の外に置かれていた役者たちにとって、課税される、ということは、初めて人間扱いされた気分で、誇らしいことだった。等級は、「小劇場」より「大劇場」の役者の方が上であるなど、役者としての格付けだと捉えられていた。税金を多く徴収される方が偉いということだ。

鑑札が下り、福三郎は役者となった。最下位の九等。いくら「團十郎家」の当主であっても、昨日まで、ずぶの素人だったのだから仕方がない。

仮の芸名

明治四十三（一九一〇）年六月、福三郎は、鴈治郎の言葉に従い、新井と共に、巡業先の福岡・小倉へ向かう。

「演藝画報」（一九一〇年九月号、演藝画報社）には、巡業から戻った雁治郎が、福三郎の小倉《こくら》での初舞台の様子を語った記事が掲載されている。

雁治郎は、巡業中、三つの心配事があったが、中でも一番は福三郎の初舞台だったとし、「何分中年のことゝいひ、その素養といふものが少しも分って居ませんので、果して舞台に立ち得られるだらうか何《どう》か、無邪気な少年《こども》の時から仕込まれたものならいざ知らず、中年からですと、唯《ただ》常《つね》に考へたのと実際舞台に立った時とは大変な違ひなのですから」と語っている。

一旦は、師となることを引き受けたものの、雁治郎の心配ぶりが見てとれる。

本名で出す訳にはいかず、かといって、正式な「初舞台」ではないから目立つような芸名は厄介だ。姓は、雁治郎の本姓である「林」とすることになったが、名は、なかなか決まらなかった。雁治郎が「私の倅が長三郎だから長十郎というのはどうだろうか」とポツリと言った。弟子の一人が、「ちょうど九代目の実名（河原崎家での幼名）も長十郎でしたね」と調子良く合いの手を入れたが、「九代目の実名そのままでは」ということになり、結局、一字だけ取り、「林長平」と名乗ることになった。

「演藝画報」の記事には、「小倉の興行の二日目」に、福三郎と新井が、雁治郎一座が泊まっていた「梅屋」という旅館に来て、名前の相談をしたとある。当時の興行を記録した『近代博多興行史』を見ると、雁治郎一座は、明治四十三（一九一〇）年六月二十八日から七月五日まで、国鉄小倉駅近くの船頭町《せんどうまち》にある常盤座で興行している。「二日目」ならば、明治四十三年六月二十九日ということになる。

福三郎は、たった一日だけ稽古をつけてもらった。台本を見れば、すぐに筋を覚え、セリフ回しを教えても、飲み込みが早かった。絵心があったからか、化粧の仕方も難なく覚えた。

堂々たる初舞台

いよいよ「林長平」として舞台へ上がることになった。

この時の演目は、鴈治郎と福三郎とが、それぞれ「演藝画報」の記事の中で語っていることに食い違いがある。鴈治郎は「良弁杉由来《ろうべんすぎゆらい》」「盛綱陣屋《もりつなじんや》（近江源氏先陣館）」、福三郎は「銭屋五兵衛《ぜにやごへえ》」「良弁杉由来」の順だったとしている。

調べてみても、どちらが正しいのかは解らなかった。ここでは、取り敢えず、両方が挙げている「良弁杉由来」に絞って、初舞台の様子を記してみよう。

「良弁杉由来」は、東大寺を開山した高僧・良弁《ろうべん》の出家をめぐる伝説を歌舞伎にした演目。鴈治郎が扮する良弁に、四人の侍が付き従い、ずらっと花道に並んで、セリフを連ねた。長平は、その一人だった。

鴈治郎は、長平のことが気が気ではなかった。「思はず腋《わき》の下から冷や汗が出るといふ始末」と語っている。しかし取り越し苦労だった。長平は、花道に並ぶと、堂々としていて、他の役者にはない、育ちの良さが、自然と出ていた。

一方、長平の方は、「激しい動悸」がしていた。何とか演じ終え、袖に入ると、見ていた鴈治郎たちが、「マァ安心した」と声を掛けて来た。「名優が私の様な者に対して、是程《これほど》心配して下さるかと実に感謝に堪えない」と思った。

長平の内心は別として、傍目には、堂々たる役者ぶりだった。なにせ、「市川宗家」の婿だから、それまでも内外から舞台をよく見ていた。「門前の小僧、習わぬ経を読む」という言葉通りで、並みの中年役者の初舞台とは、全く違うものだった。

早くも注目

福三郎が、「林長平」として、小倉で初舞台を踏み、無難にこなしたという噂は、アッという間に広がった。

「演藝画報」の一九一〇年八月号には、早くも「堀越福三郎は林長平と名乗り鴈治郎の巡業先小倉常盤座にて二役計《ばか》り初舞台をつとめたるが故團十郎の養子とて人気あり」という短信が載っている。わざわざ東京から遠い土地で、密かに舞台に上がろうとしていたが、世間は放って置かなかった。

小倉には陸軍の連隊本部が置かれていたことから、「徴兵検査」に引っ掛け、「長平の検査 小倉で合格し」という川柳も作られた。

小倉での興行を終え、鴈治郎の一座は、広島・高松と巡業して回った。

その最中も長平は、遅れを取り戻そうと、鴈治郎について、熱心に稽古を続けた。この様子を見て、鴈治郎も、大阪で初舞台の披露興行をしようという気になっていた。

「團十郎の娘婿」という話題性に、大阪の興行関係者は色めき立った。江戸歌舞伎の代表であり、人気もある曾我物《そがもの》を出して、鴈治郎に十郎、長平に五郎をさせてはどうか、という話も出た。

それに対し、鴈治郎は慎重だった。ここで迂闊に話に乗って、まだ役者としては駆け出しの長平がいい気になりはしないかと心配したのだった。

折角、自分のところにいるのだから、その内に、上方物の稽古をみっちりとつけてやった方が、これからの本人のためと考えていた。鴈治郎の親心だった。

3 「堀越福三郎」を名乗る

華やかな大阪入り

巡業を終えた長平と鴈治郎は、二人で上京した。

長平は、門弟たちを集めて、鴈治郎に入門してから九州巡業までのことを話した。鴈治郎は、長平の義母であるますに会い、長平の身柄を預かることを伝えた。

歌舞伎の世界では、披露興行が済まなければ、正式な初舞台とはならない。長平は、後ろ盾となる鴈治郎の本拠地の大阪での披露興行のため、門弟たちに見送られて新橋駅を出発した。一旦、京都で支度を整え、ひっそりと大阪入りする腹積もりだった。

ところが、長平の大阪入りの噂は、瞬く間に広がっていた。羽織袴で梅田駅に着くと、大阪の芝居関係者が、総出で出迎えた。

駅の前には、車がズラッと並んでいた。先頭に鴈治郎、次に長平が乗り込み、その後を関係者が車列を作って続いた。主役は長平。上方一の人気役者に露払いをさせているようなものだった。先頭が道頓堀に着いても、最後尾は、まだ梅田を出ていなかったほどの長い車列。大阪の芝居関係者は、「市川宗家」を迎えるという晴れの舞台に、我も我もと加わろうとしたのだ。

長平の車には名前が書かれた提灯が付けられていた。こんな晴れの場の主役になったことがなかった長平は、すっかり面食らっていた。

沿道には、長平を一目見ようとする人で溢れて、身動きが取れないほどだった。車は、群衆にぶつからないよう用心しながら、ゆっくりと進んだ。人が歩くのと、さほど変わらないほどだった。

動かなくなったので、付き添っていた若い衆が、手桶で水を撒いて、道を開けさせようとしたが、それでも駄目だった。遂には、警官が現れ、サーベルを抜いて威嚇する、という物騒な事態にまでなった。

長平が、やっとの思いで中座まで着くと、出迎えの関係者と挨拶し、舞台上で、恒例通り、乗り込みの手打ちをした。

ひとまず旅館に入ったが、ゆっくりはできなかった。すぐに、次々と関係者が祝いの挨拶に現れた。

慌ただしい毎日

次の日から毎日、鴈治郎が、一緒に贔屓筋を回ってくれた。これほどまでに歓迎されたのは、それまで素人だった「市川宗家」が、突然、役者になった、という話題性もあったが、鴈治郎の絶大な人気に負うところも大きかった。長平は、言葉では言い尽くせないほどの恩義を感じていた。これも、「九代目」の遺徳だった。

披露興行を機に、芸名を「林長平」から本名の「堀越福三郎」に改めることになった。

掛ける演目が決まると、昼は贔屓筋を回り、夜は稽古という日々が続いた。鴈治郎が一通りの型を付けてくれ、その後は、弟子入りした時から世話になっている鴈治郎の門弟・初代市川箱登羅《いちかわはことら》が細かいところをみっちりと教えてくれた。それで、段々とツボが飲み込めて来た。

初舞台披露が近づいて来ると、「七代目」の頃から家にいて、「大きいばァや」と呼ばれていた乳母の加納《かの》や実家の乳母・きんに勧められ、旧土佐藩の蔵屋敷に祀られていた土佐稲荷《とさいなり》へ行ったのを皮切りとして、神仏への願掛けに走り回った。初日の朝にも、神社へ駆け込んで、成功祈願の祝詞《のりと》を上げてもらった。

中座での初舞台

明治四十三（一九一〇）年九月二十六日、いよいよ大阪・中座での初舞台披露の初日を迎えた。江戸時代から興行が盛んで、目の肥えた客も多い大阪、それも、「中の芝居」として、「角座」と並んで、江戸時代から道頓堀を代表する芝居小屋だった中座の舞台。福三郎の心の中は、晴れやかさと緊張感が入り交じっていた。

客席は満員だった。

「成田屋！」

「堀越！」

「岡山実記」の劇中劇で、本筋とは関係なく、福三郎が、東国への旅の途中の「在原業平《ありわらのなりひら》」に扮し、馬に乗って優雅に登場すると、早速、大向こうから声が掛かった。

福三郎の後には、鴈治郎ら一座の役者二十一人が、総出で家来の「仕丁《じちょう》」として付き従い、盛り立てた。

在原業平は、親王と内親王の間に生まれたにもかかわらず、兄と共に「臣籍降下《しんせきこうか》」させられたという不運の貴公子。平安文学の傑作『伊勢物語』の主人公のモデルとも目されている。業平は、上品な風貌でなければ難しいが、育ちの良さが顔に出ている福三郎には、ぴったりだった。

途中で芝居が止まり、「初舞台披露」が始まった。福三郎は馬から降り、口上の列に並んだ。大阪で名の知れた「仕打」で、中座の座主でもあった「三栄（三河屋栄吉）」の口上は、次のようなものだった。

……故市川団十郎丈の嗣子堀越福三郎事予《かね》て俳優に成り度《たき》志望を懐《いだ》き是非御当地に於て修業仕り俳優の一人とも相成り名門の名跡相続致度旨中村雁治郎へ謀りし所同優も故人には尠《すくな》からぬ恩顧も有之候とて直に快諾即ち当興行より同優が手を携えて初の御目見得仕候得は何卒御慈愛深きも諸彦には御当地にて産声を揚る俳優の赤子とも御いつくしみ下され行〳〵は名家を辱めざる様御愛顧御引立……。（国立劇場近代歌舞伎年表編纂室「近代歌舞伎年表 大阪篇 第五巻」八木書店、一九九〇年）

堀越福三郎の業平朝臣（「演芸画報」1910年11月号）

次の演目は、鴈治郎が難色を示していた曾我物だった。「臼挽曾我《そが》」で、鴈治郎の十郎を相手に、福三郎は弟の五郎を演じた。

曾我物は、江戸歌舞伎の代名詞。「歌舞伎

十八番」の中にも「助六」「矢の根」「外郎売」といった曾我物がある。「歌舞伎十八番」を出すには、まだ早い。何か、「市川宗家」の当主の初舞台披露に花を添える演目はないかと、鴈治郎が考えた末、結果は、興行関係者も望んでいた曾我物に落ち着いたのだろう。

披露興行は、十月十七日まで続いた。

福三郎に対して、演劇評論家の関根《せきね》黙庵《もくあん》は、手厳しかった。大阪入りについて、さんざんにこき下ろした上で、「全《まる》で見世物の虎を引張り廻す有様であった。爾《しか》も此の虎に歯があるか無《ない》かは疑問である。無論歯の無い虎だから可哀さうなんだ」とし、初日の舞台についても「哀れの気持がした」「何んとなく影が薄く見えた」「調子は好《よか》ったが全《まる》で素人だ」「冷や汗を流した」と、酷い感想を書き連ね、さらには金をばら撒いて役を買ったと非難し、「金のために役が出来ると思ふのは不心得も甚だしいものだ。一ト《ひ》芝居毎に役が付かなくなってからが一人前の俳優になるのだと思ひたまへ。（中略）今のやうな心掛では危ぶまずには居られない。（中略）養父も地の下で呆れて涙も出まい」（「歌舞伎」一九〇一年十二月号、歌舞伎発行所）と罵倒した。

京都・南座へ

引き続き十二月一日から十六日まで、京都・南座でも、初舞台披露が行われた。南座は、「歌舞伎の祖」とされる「お国」が歌舞伎踊りを興行した鴨川の河原のすぐ傍に建つ。「南の芝居」として江戸時代初期からあり、芝居小屋として最古の格式を誇っていた。この頃は、松竹が買収し、直営になっていた。

南座の十二月興行は、「顔見世」として、京都の年末の風物詩ともされる特別な興行。中座に次いで、ここで初舞台披露したということは、福三郎にとって、どんなに苦しくても、もう逃げ出さない、という決意表明をしたようなものだった。

この時の興行は、昼夜二部制。

昼の部では、南座では、中座と同じ趣向の場面が、「業平東下り《なりひらあずまくだ》」として演じられた。

夜の部では、「曾我兄弟」の題名で、福三郎が五郎、鴈治郎が十郎を演じた。さらに福三郎は、小説家の渡辺霞亭《わたなべかてい》が「緑園《りょくえん》」の名義で書いた「大石内蔵助」を原作とした「土屋主税《つちやちから》」で、赤穂浪士の一人「勝田新左衛門《かったしんざえもん》」を演じた。

京都の後も、福三郎は、名古屋や浜松など各地で、初舞台披露をして回った。それがひと段落しても、しばらくの間、福三郎は、鴈治郎一座に居候しながら、京都や大阪で舞台に立ち続け、役者としの修業を重ねる。

福三郎の位置付け

福三郎が、正式に役者として舞台に立った頃、歌舞伎界は、活況を呈していて、役者も引っ張りだこだった。その中で、役者の世界に飛び込んだばかりの福三郎は、どのように位置付けされていたのだろうか。

大正二（一九一三）年一月号の雑誌「歌舞伎」に、東西の役者の格付けが載っている。

江戸時代の形式に則り、その役者が、主に、どの役柄を演じているかにより、「和事立役《わごとたちやく》」「和《わ》実立役《じつたちやく》」「武実立役《ぶじつたちやく》」「荒事」「女形」「娘役」など十三余りに細かく分けている。

歌舞伎の役柄は、大きく分けると男の役である「立役」と「女形」に分かれる。立役の主な役柄としては、滑稽味を含んだ優美さを持つ「和事」、英雄的な人物が苦悩しながら悲劇的な状況に立ち向かう「実事《じつごと》」、和事の味わいを持った実事の「和実」、誇張された荒々しさを持った「荒事」がある。主な女形は、主役となる「女形」と文字通り若い娘の役の「娘役」に分かれる。

最高の「上上吉」に挙げられているのは、「和事立役」で初代中村鴈治郎、十五代目市村羽左衛門、二代目中村梅玉《なかむらばいぎょく》、「和実立役」で十一代目片岡仁左衛門、五代目市川小團次、二代目市川《いちかわ》段四郎《だんしろう》、四代目嵐璃珏《あらしりかく》、「武実立役」で七代目松本幸四郎、七代目市川八百蔵、「荒事」で二代目市川左團次、二代目市川猿之助、「女形」で五代目中村歌右衛門、六代目尾上梅幸《おのえばいこう》だ。十三人の内、実に六人が市川家の門弟だ。

その中で、福三郎は、「市川宗家」として、中村座の座元だった十三代目中村勘三郎の子の五代目中村明石《なかむらあかし》と共に、「別格」に位置付けられている。

4 「三升」襲名

東京へ

福三郎が役者となり、舞台に立っていることは、東京でも話題になっていた。そして、世間は、役者としての実力に疑いの目を向けながらも、いつ東京の舞台に立つかを注目していた。

大正二（一九一三）年十一月号の「演藝画報」には、「福三郎の廃業」という見出しの記事が出ている。この記事は、「九代目」の追善興行で、福三郎が東京での初舞台を踏み、やがて、十代目團十郎を継ぐだろう、としている一方で、親友が素人に戻るよう諫め、本人も追善興行を最後に廃業する決意をしたようだ、としている。追善興行とは、大正六（一九一七）年に予定されていた「九代目」の十五年祭のことだ。

しかし実際には、福三郎の東京での初舞台披露は、ちょうど記事が出た大正二（一九一三）年十一月の新富座の興行だった。南座と同じく、業平に扮した福三郎が途中で口上を述べ、「曾我兄弟」では、上京してきた鴈治郎の十郎を相手に五郎を演じた。

噂の的

「演藝画報」は、大正四（一九一五）年の夏頃から、今度は、福三郎が、「三升」の名跡を襲名するという噂話や憶測を報じるようになる。

「名跡」と言っても、二・三・五・六・七・八・九代目の團十郎が俳号として使っていたもので、役者として名乗った者はいなかった。

「九代目」は、養子先の河原崎家から実家の「市川宗家」に戻る寸前の、ほんの一時期、「河原崎三升」を名乗っていた。名を変えた理由は、「河原崎家」への恩義と「團十郎家」へ復帰するに当たっての決意を掛け合わせたともされる。福三郎が、なぜこの名を選んだかは解らないが、新たな道に踏み出そうとした時の「九代目」の決意に肖《あやか》ろうとしたのかもしれない。

「演藝画報」の記事は、どれも中年から役者になった「若旦那」をちゃかしたものが多い。歌舞伎通や役者の間では、まだ「お手並み拝見」といった感じだったのだろう。

中には真面目な記事もある。大正六（一九一七）年二月号には「堀越擁護会成る」の見出しで、田村成義《たむらなりよし》、八代目河原崎権之助、大谷竹次郎らが、福三郎のために「堀越擁護会」を結成した、とし、「今迄のやうに大役ばかりおつつけるのは、本人の為にならないばかりでなく、反《かえつ》て修業の邪魔になるといふところから、今後は、他派へも出して、何《ど》んな端役でもどしどしやらせることにするのだそうです」と、相談の結果を報じている。

「矢の根」で披露

色々な意味で、世間をやきもきさせた福三郎の襲名だったが、大正六（一九一七）年十月三十日から十一月二十三日に掛けて、歌舞伎座で催された「九代目」の「十五年祭追善興行」で、実現することになった。名跡は、言われていた通り、「三升」だった。

福三郎は「三升」として、望み通り「矢の根」で曾我五郎を演じた。中座で「初舞台披露」をした時と同じ役だ。評判は上々で、明治の末から昭和三十年代半ばまで活躍した歌舞伎の台本作者で研究家の木村錦花は「今まで勤めた三升の役の中では此の矢の根が第一の出来」（木村錦花『近世劇壇史・歌舞伎座編』中央公論社、一九三六年）と記している。

市川三升の曾我五郎（「演劇画報」1917年11月号）

口上には、「幹部俳優」二十五人が、裃姿で、ずらりと並んだ。主役の三升は、歌舞伎座と帝国劇場を掛け持ちして、追善と襲名の口上を述べる忙しさだった。

翌七（一九一八）年四月には、大阪・道頓堀の浪花座《なにわざ》でも襲名披露興行が行われた。

歌舞伎座と同様に「矢の根」を演じ、鴈治郎、小團次らと共に口上を述べた。

歌舞伎座に腰据える

その後、三升は、左團次ら門弟と共に、松竹傘下の歌舞伎座・明治座・新富座に出ることが多かった。

しかし、歌舞伎座は大正十（一九二一）年に漏電による火災のため、明治座も大正十二（一九二三）年の関東大震災で被害に遭い、焼失した。

そのため、やはり関東大震災で焼け落ちたものの、すぐにバラックで再建された同じ松竹傘下の本郷座に出演するようになる。

昭和に入ると、三升の活動の中心は歌舞伎座となり、晩年まで、そこに腰を据えることになる。

押し出しの良さ

歌舞伎の演目は、江戸時代を「現代」とし、その時代を舞台とした演目を「世話物」とし、それ以前ならば「時代物」と言う。

主な役柄としては、まず女を演じる「女形《おんながた》」と男の役の「立役《たちやく》」に分かれる。主な「立役」には、代々の團十郎が生み・育て上げた勇壮な「荒事」の役、上方の町人文化の中で育まれた柔らかみのある「和事」の役、そして思慮分別があり正義感溢れる「実事」の役、悪事を企む「敵役」がある。

三升は、「歌舞伎十八番」を除くと、「世話物」には、あまり出ていない。役柄は、「荒事」「実事」が多かったが、「歌舞伎十八番」以外では、主役を張ることはなかった。

百姓・町人を演じることは珍しく、「源義経」「武田勝頼《たけだかつより》」「豊臣秀頼《とよとみひでより》」といった歴史上の人物が多かった。

では、三升の役者としての評判は、どのようなものだったのだろうか?

伊原敏郎（青々園）は「調子も相応に立てば、素人上りとしては板についてゐる。昔から中年者は物に成らぬといふが、自分の知った処《ところ》では、中年から役者になったので却って新しい芸風を創めた名人が尠《すくな》くない。例を挙ぐれば元祖團十郎が其うだ、元祖宗十郎が其うだ。これには然るべき理由がある事であるが吾が福三郎の前途も何うか其うありたい事を切望する」（「歌舞伎」一九一三年九月号）と温かい目で見守っている。

山崎紫紅《やまざきしこう》は、三升について、次のように評している。

　市川三升は大きな役者にはなつてゐる。振られた役も大概は父親の当てた役のみで、出し物をさせるのにかなり幕内を苦しませる、役の択《よ》り嫌ひをするといふ事や、相手に注文を出すと云ふので、一時は一部の評判が悪かった。三升の取柄は押出しがよいことである、『勧進帳』の義経のやうな役が、腕よりよく見えるのは、或は文字上の素養の然らしむる所である、短所は多いが、一口に云えば、中年もので舞台に馴れてゐない、物事が軽く運べないと云ふ点が第一である。此人の利根《りこん》な所か、時代の然らしむる所か、他の人達が割合に力を入れない荒事に目を付けた点だ。男之助《おとこのすけ》、金平《きんぴら》、梅玉のやうな役がいつも取れるやうになつたのは仕合せである。（「演藝画報」一九二四年五月号、演藝画報社）

山崎は、三升とは親しい関係にあったが、他の批評と大筋で違わない。いつの時代でもそうだが、血筋が良かったり、名跡が大きい割に、芸の幅が狭い役者の役付は大変だ。三升は、その上、粋人で「一家言」あり、扱いづらいと思われていたようだ。それでも、「市川宗家」の芸の神髄である「荒事」の評判が良いのは救いだ。

昭和六（一九三一）年三月、三升は、五代目尾上菊五郎が経営に窮したため松竹が借り上げて興行を打つようになった市村座に出演した。「演藝画報」の編集者で演劇評論家でもあった安部《あべ》豊《ゆたか》は、川上《かわかみ》潔《きよし》作の新作「木内宗吾《きうちそうご》」と「歌舞伎十八番」の「暫」について次のように批評している。

「三升の宗吾は序幕に羽織袴で出た為か、年輩も若く品位もあり過ぎて侍のやうに見えたが、宗吾内では思慮に富んだ立派な総名主《そうなぬし》に見え、別れも充分に芝居をして泣かしめた。刑場では馬上の顔の扮《つく》りが巧みで、村人を諭す言葉にも温情現はれて上出来であった」「『暫』は三升の権五郎《ごんごろう》景政《かげまさ》が意外の上出来なのに驚いた。声調《てふし》が張れて荘重であり、輪郭も大きく見えて形も整ひ、終始溌剌として衆を圧《あつ》してゐたのは寧ろ不思議のやうだ。矢の根五郎や梅王などの比ではない。只ヤットコトッチャの引込みが不充分であったのが玉に瑾《きず》。三升の之れまでの役を通じて一番の大出来大当りと云へる。近来三升の進境頓《とみ》に目立って来た。責任者としての努力からであらう」

（「演藝画報」一九三一年四月号、演藝画報社）

やはり、ここでも持って生まれた押し出しの良さが評価されている。

第六章

「歌舞伎十八番」の復活

1　権威の象徴

多彩な演目

「歌舞伎十八番」とは、「九代目」の実父・七代目市川團十郎が定めたものだ。長男に團十郎の名跡を譲り、海老蔵に戻っていた七代目は、天保十一（一八四〇）年三月、河原崎座で催された「初代團十郎没後百九十年追善興行」で、「勧進帳」を初演した。その時、看板に「勧進帳」を「歌舞伎十八番の内」と記した。これが「歌舞伎十八番」の始まりとされる。歴代の当たり芸の中から十八種を選び、「家の芸」として、子々孫々まで伝えていくという宣言だった。

初代・二代・四代が初演した「勧進帳」「助六」「鳴神」「暫」「不動」「外郎売」「矢の根」「関羽」「景清」「七つ面」「毛抜」「解脱」「鎌髭」「不破《ふわ》」「象引」「押戻」「嫐」「蛇柳」が、それに当たる。とは言っても、これらの題名は通称で、「歌舞伎十八番」が定められた前も後も、正式な題名は様々だった。

「歌舞伎十八番」と言うと、すぐ頭に浮かぶのは「助六」や「勧進帳」といった豪快なイメージだが、実際は、そういった演目ばかりではない。主役の役柄が渋かったり、三角関係のもつれを描いたドロドロとした演目もあり多様だ。

歴代の團十郎が得意とした役柄を見ると、一般的に思われているような「荒事」一本ではなかった。女形や悪人も、自在にこなしている場合が珍しくない。「十八番」は、そのことを反映している。

七代目の狙いは、単に芸の継承というだけではなかった。栄光の歴史にあらためて光を当てることにより、歌舞伎界における「團十郎」という名跡の権威を確固たるものにしようとしたのだ。「市川家十八番」「團十郎十八番」としなかったのも、「市川團十郎＝歌舞伎」であることを示すためだった。

しかし、「勧進帳」が初演された頃、「歌舞伎十八番」の中で演じられていたのは「暫」「助六」「矢の根」くらいだった。

「勧進帳」

「勧進帳」は、現在では、歌舞伎の中でも屈指の人気演目だ。

能の「安宅」同様の、弁慶ら義経主従の都落ちを題材とした演目は古くからあったが、台本は残っていなかった。七代目團十郎は、初代が、元禄十五（一七〇二）年二月に、中村座で、「星合十二段《ほしあいじゅうにだん》」の題名で演じたのが最初と位置付けた。その後も、同じ題材の演目は幾つも作られたが、七代目の「勧進帳」は、それらとは相当違った。

兄・頼朝《よりとも》に疎まれ、都落ちする源義経主従は、山伏に身をやつし加賀に入る。頼朝の命で安宅の関を固める関守《せきもり》の富樫に、義経主従と疑われるが、弁慶の知略で切り抜け……という筋とした。

七代目は、能舞台の「鏡板」を模した松羽目を設《しつら》え、長唄も幕が開いてから厳かに出るなど、能の様式を強く意識した。一方で、劇的な展開と「片手《かたて》飛六方《とびろっぽう》」など荒事の持ち味を存分に発揮した演出を加え、洗練された演目に仕上げた。

能の「安宅」が、終始、弁慶の豪快な人間性を前面に押し出しているのに対し、「勧進帳」は、弁慶を中心に、富樫と義経との間で、忠義・人情といった複雑な感情が絡み合いながら、緊張感ある舞台が繰り広げられる、という極めて歌舞伎的な作りになっている。


「暫」


「暫」というは、芝居の途中で、正義漢の主人公が「しばらく、しばらく」と言いながら、敵役の横暴を止めに入る掛け声から来た俗称で、題名ではなかった。

初めて、「しばらく」と声を掛けて登場したのは、元禄十（一六九七）年一月、中村座で、初代團十郎が、「参会名護屋《さんかいなごや》」を演じた時だ。

この演目の眼目は、主人公が「つらね」を述べることにあった。「つらね」とは、花道の、揚幕から七分、舞台から三分の一の位置に当たる「七三」で、朗々と述べる長ぜりふのこと。「暫」

のつらねは、團十郎自らが作るのが建前だった。

江戸時代、その芝居小屋の翌年十月までの一年間の役者の顔ぶれを紹介するため十一月の興行は「顔見世」と言われた。「暫」は、江戸では「顔見世」に欠かせない演目で、その時ごとに新たに作り直すのが慣わしだった。そのため、主人公の役名や演出は、その都度違っていた。

「助六」

「歌舞伎十八番」の中でも最も長い大曲。現在では江戸歌舞伎の華とされるが、上方で演じられていた演目が原型。その名残で、荒事の中に、上方ならではの和事の味が入っている。現在のような「助六」は、正徳三（一七一三）年三月、山村座で、二代目團十郎が初演した。この時の題名は「花館愛護桜《はなやかたあいござくら》」だった。

曾我五郎は、行方知れずになった源氏の宝刀・友切丸《ともきりまる》を探し出すため「花川戸の助六」という俠客になりすまし、吉原へ通う。喧嘩を売り、相手に刀を抜かせ探し出そうと考えたのだ。恋仲の三浦屋の花魁・揚巻に、しつこく言い寄る髭の意休《いきゅう》は、実は平家の残党で、友切丸を持っていると見抜く。助六は、意休を切り殺し、友切丸を奪い返す。

現在では、團十郎や海老蔵が演じる時の題名は「助六所縁江戸桜」で、河東節が入るが、市川宗家以外の役者の時は、遠慮して題名も、音楽も違っている。尾上菊五郎は「助六曲輪菊《すけろくくるわのももよぐさ》」で清元節。市川宗家の門弟でも、松本幸四郎は「助六曲輪江戸桜」長唄、市川猿之助は「助六曲輪澤瀉桜《おもだかざくら》」で長唄となる。

「矢の根」

原型となる演目は、その前にもあったが、「矢の根」の初演とされているのは、享保五（一七二〇）年一月、森田座で、二代目團十郎が「楪根元曾我《ゆずりはこんげんそが》」の題名で演じた時だ。その後も、上演の都度、題名が違っていた。

元日、曾我五郎は、父の仇である工藤祐経《くどうすけつね》を討つため大きな「矢の根（鏃《やじり》）」を砥ぐ。良い初夢を見ることができるという宝船を描いた枕紙《まくらがみ》をもらい、枕の下に敷いて寝ると、現れたのは、工藤の館で囚われ助けを求める兄の十郎だった。五郎は、飛び起きると、馬に乗り、十郎を助けに向かう。

歌舞伎の正月興行に欠かせなかった「曾我物」の曾我兄弟の弟・五郎が主人公。五郎の豪快さを見せるのが眼目で、「荒事」の代表的な演目だ。

五つだけ演じた「九代目」

「九代目」は、実父の七代目團十郎が定めた「歌舞伎十八番」を大切にし、特に「勧進帳」は当たり芸だった。しかし、「十八番」の内、演じたのは「勧進帳」のほかは、「助六」「暫」「矢の根」「不動」の五つに止まった。

しかし、大正から昭和に掛けて活躍した歌舞伎評論家の濱村米蔵《はまむらよねぞう》は「『歌舞伎十八番』といふ言葉は「七代目」の時から使はれてゐるのだが、箔《はく》をつけたのは「九代目」で、『歌舞伎十八番』に對する信仰は、取りも直さず九代目に対する尊敬に外ならない」（『演藝画報』一九三六年五月号、演藝画報社）と言い切っている。

「勧進帳」は、安政六（一八五九）年から明治三十二（一八九九）年までの間に二十回演じている。「歌舞伎十八番」の中では、飛び抜けて多く演じている。能を手本として歌舞伎の改良を追求した「九代目」のとっては、これこそ意に叶った演目だった。「できるだけ荘重なものにしよう」と、衣装を能装束に近付けたり、能役者から指南を受け、弁慶の見せ場である「延年の舞」に工夫を加えたりした。

明治二十（一八八七）年の井上馨邸での「天覧歌舞伎」でも、「勧進帳」が主たる演目だった。「九代目」は、天皇に対し歌舞伎改良の成果を披露する意気込みで臨んだ。

「助六」は、意外と少なく四回だけ。最初は文久二（一八六二）年、次は明治五（一八七二）年。いずれも揚巻は、女形の名人として名を馳せた八代目岩井半四郎（一度目の時の名跡は、三代目岩井粂三郎）だった。

三回目の明治十七（一八八四）年は、息が合っていた半四郎が亡くなってしまっていたため、四代目助高屋高助が相手だった。

四回目は、歌舞伎座の経営者だった福地源一郎（桜痴）が、いくら頼んでも、年を理由に首を縦に振らなかった。この時、「九代目」は、六十歳近かった。福地から頼まれ、新富座の座元の守田勘彌が乗り出し、「年はとつても、芸に年はない——。今、お前さんがしてやらないと、お手本がなくなる。助六をお前さんでやめようと云ふのなら別だが、続けるのなら、してやつた方がいいだらう」（井上甚之《いのうえじんの》助《すけ》『三津五郎藝談』和敬書店、一九四九年）と口説いた。この言葉に心を動かされた「九代目」は、明治二十九（一八九六）年、最後の「助六」を演じる。

勘彌の長男・七代目坂東三《ばんどうみ》津《つ》五《ご》郎《ろう》は「九代目の助六と云ふものは、大したものでした。形、科、調子と、実に申分のない助六でした」（前掲『三津五郎藝談』）と語っている。揚巻は、四代目中《なか》村福助《むらふくすけ》（後の五代目中村歌右衛門）だった。

「暫」は、三回演じているが、慣例通り、役名や筋は、毎回違っていた。最初は元治元（一八六四）年十一月の中村座で「大館左《おおだてさ》馬《ま》之《の》助《すけ》」、二回目は明治十一（一八七八）十一月の新富座で「館《たて》の金剛丸《こんごうまる》」、そして最後となったのは、明治二十八（一八九五）十一月の歌舞伎座で「鎌倉権五郎景政」だった。

これで、上演の都度、違っていた役名や演出が定まり、「歌舞伎十八番の内」として「暫」の題名で、独立して一幕物として上演されるようになった。

「九代目」が、「矢の根」を初めて演じたのは、明治十五（一八八二）年十一月の新富座。それまでは、上演の都度、題名が違っていたが、これ以降、「矢の根」と定まった。「九代目」が「矢の根」を演じたのは、この時と明治二十三（一八九〇）年六月の二回だけ。

「不動」は、題名ではなく、様々な芝居の大詰で、不動明王が現れる、という趣向のことを言った。江戸の人々の信仰が厚かった不動明王を生身の役者が演じて見せるというのが眼目で、見物客は、拝んだり、賽銭を投げたりした。

元禄十（一六九七）年五月、初代市川九蔵（後の二代目團十郎）が、中村座で演じたのが最初。「兵根元曾我《つわものこんげんそが》」の中でだった。

「九代目」も、明治二十二（一八八九）年六月、中村座の「那智滝誓約文覚」の中で、滝に打たれ荒行をする文覚の前に現れる不動明王に扮した。

長らく演じられることがなくなっていた他の演目を復活させようともしたが、実現には至らなかった。台本は残っておらず、内容さえ、よく解らなくなっていた演目もあったからだ。

有名無実

つまり、「歌舞伎十八番」と大仰に言ってはみたものの、「有名無実」と言って良い状態だった。「九代目」も「十八番の中にて人の知らぬのみか正本も没《なくな》り、また代々打絶えて演じたることのなき者も往々あるなり、彼の解脱、七つ面、鎌髭、蛇柳など云ふは、五代目頃より演じたる事無く、今日に至りては一向に訳《わか》らぬものと為り果てたり」として、「今残り居る十八番の中にて、次第に他《ひと》に忘れらるゝもの出づべきは必定なり」（松居眞玄『團州百話』金港堂、一九六一年）と悲観的なことを記している。

「新歌舞伎十八番」

七代目團十郎は、「歌舞伎十八番」に続いて「新歌舞伎十八番」を制定しようとしていたが、果たせずにそのまま逝った。その遺志を受け継ぎ、「九代目」は、「天覧歌舞伎」があった明治二十（一八八七）年、「新歌舞伎十八番」を制定した。「九代目」の後を継ぎ「市川宗家」となった五代目三升によると、曲目は次の通り。

「地震加藤」「高時」「酒井《さかい》の太鼓《たいこ》」「重盛諫言《しげもりかんげん》」「吉備大臣《きびだいじん》」「山伏摂待《やまぶしせったい》」「文覚勧進帳《もんがくかんじんちょう》」「紅葉狩」「伊勢三郎《いせさぶろう》」「女　楠《おんなくすのき》」「真田幸村《さなだゆきむら》」「船弁慶」「大森彦七」「仲光《なかみつ》」「新七ッ面《しんななつめん》」「左小刀《ひだりこがたな》」「虎の巻」「釣狐《つりぎつね》」「静《しずか》の法樂舞《ほうらくまい》」「鏡獅子」「蓮生　譚《れんしょうものがたり》」「腰越状《こしごえじょう》」「荏柄平太《えがらへいた》」「仲國《なかくに》」「凧《だこ》の為朝《ためとも》」「素袍落《すおうおとし》」「高野物狂《こうやものぐるい》」「二人袴」「向井将監《むかいしょうげん》」「吹取妻《ふきとりづま》」「狩場問答」「時平七笑《しへいのななわらい》」。

「十八番」とは銘打っているが、実際には四十曲近くあることについて、三升が生前の「九代目」から聞いたところによると「十八番といふのは何も十八と極ったものではない。所謂おはこといふ意味で、自分の得意とする物だから十八種より多くても一向に差支へない」（市川三升『九世團十郎を語る』推古書院、一九五〇年）と言うのだ。

2　競い合う門弟

先陣切った高麗蔵の「景清」

明治三十八（一九〇五）年九月から十月にかけて、歌舞伎座で催された「九代目」の「三年祭」の追善興行では、門弟の初代市川猿之助が「勧進帳」、二代目市川莚升（後の二代目左團次）が「矢の根」を演じた。

これを皮切りに門弟たちは、「歌舞伎十八番」を盛んに演じるようになる。さらには、長い間演じられなくなっていた演目の復活にも乗り出す。

何をもって「復活」とするかは難しいが、「九代目」が演じなかった演目ということにしてみよう。「歌舞伎十八番」は、「市川宗家」の役者しか演じることが許されなかったから、「九代目」が演じていないということは、少なくとも兄である「八代目」が幕末に亡くなってから、半世紀以上もの間、途絶えていたことになる。「復活」と言っても、差し支えないだろう。

その先陣を切ったのが、八代目市川高麗蔵。後に「弁慶役者」として名を残した名優・七代目松本幸四郎である。明治四十一（一九〇八）年十一月、高麗蔵は、七代目團十郎が演じた時の台本をもとに、歌舞伎座で、「景清」を復活させた。

「景清」の初演は、享保十七（一七三二）年九月の中村座とされる。この時は、「大銀杏栄景清《おおいちょうさかえかげきよ》」の題名で、二代目團十郎が景清に扮した。

この演目は、戦に負けて岩屋の牢獄に閉じ込められた平家方の猛将・景清が、怒りを爆発させ、「荒事」で見せる牢破りが見どころ。

しかし、初演の時、牢破りはなかったと見られる。牢破りが演じられたと、はっきり解るのは、元文四（一七三九）年七月に、二代目團十郎が名跡を養子に譲り、二代目海老蔵を名乗ってから演じた「初髻通曾我《はつもとゆいかよいそが》」が最初。その後、「哀れに物凄し」と評された四代目團十郎の芸風によって、「景清」の役柄を確立させた。

七代目團十郎は、「勧進帳」の次に、「景清」に「歌舞伎十八番」と付け演じたが、その上演中に、本物の甲冑を使ったことなどを理由に、江戸を追放された。後を継いだ八代目は一回だけ演じている。しかし、「九代目」は、不吉な演目として嫌い、演じることはなかった。

左團次の「毛抜」

二代目市川左團次は、明治四十二（一九〇九）年九月に「毛抜」、同四十三（一九一〇）年五月に「鳴神」を復活させた。いずれもかつて座元を務めていた明治座だった。

「毛抜」は、寛保二（一七四二）年一月の大坂・佐渡嶋座《さどしまざ》が初演。二代目團十郎が、「雷神不動《なるかみふどう》北山桜《きたやまざくら》」の題名で演じた。

髪が逆立つという姫君の奇病の原因が、屋根裏に潜んでいた曲者《くせもの》が持っていた磁石にあるということを見破る武士・粂寺弾正《くめでらだんじょう》の活躍を描く。嫁入りをめぐるお家騒動が背景にあるが、姫君が付けていた金属の髪飾りと磁石が引き合っていたというところは、推理小説のようでもある。

復活に当たっては、初演の時の台本を元に、岡鬼太郎《おかおにたろう》が補綴《ほてつ》した。

左團次は「誰れ一人極り処の型を知る者もいないと云ふ難物なのです。而して私の初念に、十八番物の事ですから幾分か荒事を加味して居る物だらうと思って居ましたが、親しく台本を読むとさうではなく、殆んど今の世話物同様に書かれて居て、暫や助六のやうに不自然な筋ではないのに迷ふて、独断でするも不気味で堪りませんから、斯道に精通して居られる諸君を招待して、一夕皆さんの御意見を伺って参考としました」（「演藝画報」一九〇九年十月号）と記している。

「鳴神」

「鳴神」は、貞享元（一六八四）年一月の中村座で、初代團十郎が、「門松四天王《かどまつしてんのう》」の題名で演じている。鳴神上人《なるかみしょうにん》が、美女に篭絡《ろうらく》され、騙されたのに気づき、烈火の如く怒り、暴れまわるという筋立ては、この時に、すでにできあがっている。

二代目左團次は、寛保二（一七四二）年一月に、二代目市川海老蔵が、大坂・佐渡嶋座で、「雷神不動北山桜」の題名で演じた時の台本を土台として、岡鬼太郎が補綴した。

これについて左團次は「成るべく勝手に直すやうなことは為ないので、所謂脚本本位で大昔の芝居の風をすっかり映して御覧に入れる積りでしたが、段々と読んで行くと昔と違ひ今日では言へない白《せりふ》なぞもあったから、そこは岡さんに詰めて直して貰った」とし、「一体《いったい》此の役は腹は近代的で、科《しぐさ》は大昔の風を失はないやうにするのが為所《しどこ》だらうと思ひます、昔の脚本にかゝはらず面白いもので、『毛抜』よりも作は好いと思ひます」（『歌舞伎』一九一〇年六月号、歌舞伎発行所）と記している。

演劇評論家の伊原青々園（敏郎）も、「際どい事が材となって居るに拘《かか》はらず、今の肉慾小説のやうに見ていやな感じが起らぬ。左團次が此の脚本を選んだのは当を得て居る」としながらも、「出来栄は上々と言へぬが、脚本の力で面白く見物された」（『歌舞伎』一九一〇年六月号、歌舞伎発行所）と評している。

左團次は、父から座元を引き継いだ明治座での興行が上手くいかなくなると、川上音二郎の影響で、劇作家・小山内薫と共に「自由劇場」というグループを結成し、有楽座や帝国劇場で西洋演劇を演じるようになる。「歌舞伎十八番」の復活は、この「自由劇場」の活動をしているのと、ほぼ同時期に行われた。常に人と違ったことをしようとした根っからの改革者・左團次ならではだ。

「関羽」

左團次は、昭和四（一九二九）年十一月、「関羽」を歌舞伎座で復活させた。

「関羽」は、二代目團十郎が、元文二（一七三七）年十一月に、河原崎座で演じたのが初演とされる。題名は「閏月仁景清《うるうづきにんかげきよ》」。関羽は、長い髭を蓄え中国風の扮装をしていたとされ、異色の「荒事」として大評判だった。しかし、台本が残っておらず、詳しい筋も解らなくなっていたため、岡鬼太郎が、初演の世界観を生かしながら新たに書いた。

「九代目」も、明治六（一八七三）年九月に村山座で上演された「地震加藤」の中で、「関羽」に扮してはいるが、復活には数えられていない。

「鎌髭」を引き当てた段四郎親子

「鎌髭」の初演は、安永三（一七七四）年四月の中村座とされる。四代目團十郎が「御誂染曾我《おあつらえぞめそがの》雛型《ひながた》」の題名で演じた。

平将門を討った田原藤太《たわらのとうた》秀郷《ひでさと》の子・小藤太《ことうた》守郷《もりさと》は、世を忍び宿屋の下男をしている。この小藤太の前に現れた将門の子・良門《よしかど》が、激しい立ち回りを繰り広げるのが見どころの「荒事」。「鎌髭」の名は、小藤太が、良門の命を奪おうと、髭を剃るふりをして喉に大鎌を当てるが、不死身なので歯が立たない、という場面が、途中に入ることから来ている。

しかし、細かい筋は、伝わっていなかった。ある時、猿之助が、「九代目」に「鎌髭」の筋について尋ねたが、「六部の髭を剃るといって鎌を首へ引っ掛けるが、その六部は不死身だから刃があたらない」といった程度の答えしか返って来なかった（「歌舞伎」一九一〇年十一月号、歌舞伎発行所）。「六部」とは、巡礼して回る僧のことで、「鎌髭」では、主人公の平良門が、これに身をやつして登場する。

二代目市川段四郎と二代目市川猿之助親子は、明治四十三（一九一〇）年十月、それぞれ猿之助・團子から改名。この時の歌舞伎座での披露興行で、「鎌髭」を復活させた。

「九代目」は、幕末から明治にかけ、月岡芳年《つきおかよしとし》と人気を二分した浮世絵師の落合芳幾《おちあいよしいく》に「歌舞伎十八番」の絵を描かせ掛け軸にし、十八人の門弟に籤《くじ》を引かせて与えたことがあった。その時、猿之助が引き当てたのが、「鎌髭」だった。そこから復活させようと思い立った。

復活に当たっては、初演の台本に基づき、河竹黙阿弥の孫弟子に当たる二代目竹柴金作《たけしばきんさく》が補綴《ほてつ》した。

主役の「六部妙典《ろくぶみようてん》実は将軍太郎良門」を演じた段四郎は、演じるに当たっての心得として「飽まで不死身の心持を失はないのと十二通りも変る見得です」（「歌舞伎」一九一〇年十一月号、歌舞伎発行所）と語っている。

3　三升と「十八番」

松竹に大金を要求

「演藝画報」の大正三（一九一四）年十月号には、福三郎が東京・本郷座に出た時の「歌舞伎十八番」をめぐる記事が載っている。

この頃、本郷座は、「松竹」の傘下にあった。白井松次郎の弟で、座主を務めていた大谷竹次郎は、福三郎に「連中」に見物されることを条件に、好きな演目を出してよい、と言ったところ、「歌舞伎十八番」の「矢の根」を演じ、「版権」として四千円を欲しいと答えた、というのだ。四千円はあまりの破格だったので、大谷は応じず、あれやこれやの末、結局この年の九月興行で、「錣引《しころびき》」の景清《かげきよ》を演じた。「版権料」のことは、さておいて、福三郎が、この頃から、すでに「歌舞伎十八番」にこだわりがあったことが見て取れる。

幸四郎の「助六」に待った

「團十郎家」の人間以外が「歌舞伎十八番」を演じる時は、「市川宗家」である三升の許しが必要だった。

昭和三（一九二八）年十二月、京都・南座の「顔見世《かおみせ》」興行では、七代目松本幸四郎が、「助六」を演じようとしたが、三升は、季節外れであることを理由に許さなかった。結局は了承したものの幸四郎の長男・初代松本金太郎《まつもときんたろう》（後の十一代目團十郎）が「外郎売」を演じることは許さなかった。金太郎は、予定していた京都行きを取り止めた。

この問題は波紋を呼び、世間の注目を集めることになった。

松竹創業者の白井松次郎・大谷竹次郎兄弟も乗り出して、三升、幸四郎ら関係者の間で話し合いが持たれた。

その結論は「故團十郎（九代目）が洗練した芝居を尊重し、上演に際してはすべて本格に則り、完全な演出を心がけよう」（「演藝画報」一九二九年二月号、演藝画報社）と申し合わせ、「市川宗家」側も鉾を収めた。三升は、「歌舞伎十八番」を通じ、「團十郎」の権威を示そうとしたのだ。

復活に乗り出す

南座の一件があってからしばらくして、三升は、襲名披露興行以来、遠ざかっていた「歌舞伎十八番」を、追善や「團菊祭」など、ここぞという時に演じるようになる。

さらには、長らく演じられなくなっていた演目の復活にも乗り出す。

これについて三升は「父は晩年歌舞伎十八番を一つづゝ演じて見ようと計画して果さなかったので、私は九代目の三十年祭を契機として、これが復興を試み、……」と記している（『九世團十郎を語る』推古書院、一九五〇年）。

しかし、復活は容易な作業ではなかった。中には、台本がなく、筋さえ断片的にしか伝わっていないものもあった。

後年、三升は、自ら復活させた演目として「解脱」「不破」「嫐」「象引」「押戻」「蛇柳」の六つを挙げている。復活を手掛けた役者の中で最も多い。さらに「七つ面」「外郎売」についても、三升が復活させたという見方もある。

「解脱」

宝暦十（一七六〇）年三月の市村座で、四代目團十郎が初演した。この時の題名は「曾我《そが》万年《まんねん》柱《ばしら》」だった。平景清が主人公だ。

昭和七（一九三二）年十一月、歌舞伎座の「劇聖九代目團十郎三十年追遠興行」で、三升が復活させた。前半を山崎紫紅が「元禄風」に改作し、後半は家に伝わっている筋に三升が手を入れた。舞台装置も、写実的ではない「元禄風」になっていた。

舞台の正面に楼門が建ち、両側の柱に「顔見世狂言歌舞伎十八番の内解脱」「かげ清市川三升あひつとめ候」と書かれた看板が掲げられていた。

平景清の亡霊がせり上がって登場し、江間小四郎《えまこしろう》らが討ち取ろうとするが、綱を切って鐘の中に入る。この時、捕り手が、鐘を吊り上げようとするが熱くなっていて手が付けられない。これは「道成寺《どうじょうじ》」から取った趣向だ。景清に扮した三升は、鐘の中で、「荒事」に付き物の凄みのある隈取と衣装に変わった。鐘が上がると、景清は、卒塔婆《そとば》を振り回して大暴れする。僧・文覚《もんがく》が法力で鎮めようとするが、手が付けられない。平家の清盛の長男・重盛の姫君が、仏門に入ったことを聞き、やっとおさまる。「解脱」とは、迷っていた魂がおさまることを言う。

安藤活雄は「三升の景清は先づ結構である。特に文覚との問答から後半がい丶。たゞ最も苦心を重ねたといふ亡霊の気分を醸し出すことが、どれ位効果があったかといふ点になると一寸断言を許さないものがある」(「演藝画報」一九三二年七月号、演藝画報社)と評している。

演劇評論家の岡鬼太郎は「復興十八番『解脱』は、市川家の当主三升に切り抜けられる程度に按排《あんばい》せられし古風な狂言、舞台面よく、三升の景清も存外好い。荒事の姿になってから、頭でツかちで腰から下の弱々しいを、時々出勤する役者ゆゑと我慢すれば、顔つきも立派、声も締まってゐて、此の優としては上出来である」と評している。(岡鬼太郎『歌舞伎眼鏡』新大衆社、一九四三年)。

「解脱」は、大正三(一九一四)年一月の本郷座で、二代目市川左團次が、「復活」させているが、作家・吉井勇が独自に着想した新たな台本を使っていることから全くの別物とされる。

「不破」

「不破」は、遊女の葛城《かつらぎ》をめぐる不破伴左衛門《ふわばんざえもん》と名古屋山三という二人の色男の武士の「恋の鞘当《さやあて》」を描いている。延宝八(一六八〇)年三月、市村座で「遊女論《ゆうじょろん》」として初演され、初代團十郎が伴左衛門を演じた。「不破」と「名古屋」をめぐる話は、その後も、題名と内容を変えながら二十年余りにわたり演じ続けられ、不破は、初代の当たり役となった。

昭和七（一九三二）年一月、歌舞伎座の「九代目團十郎追遠延長興行」で三升は「不破」を復活させた。初代團十郎が、元禄十（一六九七）年に「参会名護屋《さんかいなごや》」の中で演じた時の台本を元に、「歌舞伎の生き字引」と言われた川尻清潭が書き、松居松翁が補作した。

妻にしても差し支えない女か見極めようと、葛城に髪漉きをしてもらっていた伴左衛門は、本心から惚れてしまう。そこへ山三が現れ、斬り殺されてしまうが、不思議なことに死体が消えてしまう。伴左衛門の弟・伴作《ばんさく》が、敵を討とうと山三と争っているところに、赤松入道《あかまつにゅうどう》が現れる。二人が、共通の敵である赤松に立ち向かっていると、伴左衛門の一念が鍾馗《しょうき》の姿になって現れ、探していた「雲払いの名剣」を名古屋に渡して消える、という筋立てになった。

市川三升「不破」（「演劇画報」1933年2月号）

三升は、初代團十郎が演じたのを念頭に、「芝居の筋そのものを吟味して頂くことも大切ですが、一つは元禄時代のそのなりふりをもよく味って頂かうと思って、人様にもお願ひして、相当に調べたといふ有様です」（「演藝画報」一九三三年二月号、演藝画報社）と語っている。

言葉通り、舞台装置から煙草盆やキセルといった小道具に至るまで、できるだけ元禄風にして、舞台装置の破風の柱に掛けた口上書きの文字も、元禄風の書体にした。不破の衣装に書かれた文字は、元禄に活躍した俳諧師・宝井《たからい》其角《きかく》の文字を真似た。

「嫐」

「嫐」は、「うわなり」と読む。男が離縁して新しい妻を迎えた時、後妻となった女のことを言う。室町時代には、離縁された妻が、仲間を引き連れ、後妻の元へ押しかけ、乱暴狼藉をすることが公然と認められていて、これを「うわなり打ち」と言った。

元禄十二（一六九九）年七月に中村座で上演された「一心五界玉《いっしんごかいのたま》」の「三郎屋敷の場」で、本妻の妾に対する嫉妬の念が娘に乗り移るのが評判になり、それが「嫐」として「歌舞伎十八番」に加えられたとされる。

初代團十郎と、まだ子役だった後の二代目團十郎が演じたが、内容は、よく解っていない。

昭和十一（一九三六）年四月には、歌舞伎座の「九代目團十郎・五代目菊五郎胸像建設記念興行」で、三升が復活させ、照日《てるひ》の巫女《みこ》・葉束《はたば》の前の霊を演じた。

台本は残っておらず、山崎紫紅が、芝居絵を参考に、能「葵上《あおいのうえ》」の筋を大幅に取り入れて、次のようにまとめた。

甲賀《こうが》三郎《さぶろう》の妻・白菊姫《しらぎくひめ》は、毎夜、「物《もの》の怪《け》」に悩まされる。照日の巫女が呼ばれ祈禱をする。すると、嫉妬に狂った前妻・葉束の前の生霊が、照日の巫女に乗り移り、白菊姫に襲いかかる。

そこに横川《よかわ》の小聖《こひじり》が現れ祈禱をし、三郎と共に怨霊を退ける。

三升の「嫐」を見た演劇評論家の渥美《あつみ》清太郎《せいたろう》は、座談会で「豊国のかいた歌舞伎十八番には、照日の巫女と横川の聖がかいてある。それから思ひをよせて、謡曲からとって今度新作したので、単に歌舞伎十八番の名をかりたものに過ぎません」と否定的な見解を示している（「演藝画報」一九三六年五月号、演藝画報社）。

同じ座談会で、舞踊研究者の小寺融吉《こでらゆうきち》も「何も本舞台三間だの破風つきだのと云ふ事にこだはらない事、昭和年間に於ける復活の意義が、形式なり内容なりに多少は含まれなければ、一般の見物は喜びますまい」（「演藝画報」同前）と指摘している。

「象引」

「象引」は、元禄十四（一七〇一）年一月に、中村座で初代團十郎が演じた「傾城王昭君《けいせいおうしょうくん》」が初演。梅見物の場に、蘇我入鹿《そがのいるか》が象を乗り入れ、それを團十郎扮する藤原鎌足《ふじわらのかまたり》の家来・山上源内左衛門が、巧みに手なずけ引いていくという筋だったらしい。

しかし台本は残っておらず、筋も、よく解らなくなっていた。「九代目」は、門弟の二代目市川段四郎に、「象引」の筋について尋ねられても、「象が宝物《たからもの》を呑んでゐるので、その腹を裂いて宝物を取出す」（「歌舞伎」一九一〇年十一月号、歌舞伎発行所）と答えるだけだった。

昭和八（一九三三）年十月、三升は、歌舞伎座で「象引」を復活させ、主役の山上源内左衛門《やまがみげんないざえもん》を演じた。

復活に当たっては、残された錦絵を頼りに、山崎紫紅が構想を膨らませた。源内左衛門が、敵役の入鹿と象を引き合っていると、体の中から行方知れずだった宝鏡《ほうきょう》が現れ、これによって入鹿の反逆が露見するという筋にした。源内左衛門と入鹿の超人的な力勝負が見どころに仕上がった。

篆刻家として知られ、画家もしていた楠瀬日年《くすのせにちねん》の美術が好評だった。

市川三升「象引」(「演劇画報」1933年11月号)

演劇評論家で「演藝画報」の編集にも携わっていた安部豊は、「象引」を高く評価している。「象引」は、昭和十一(一九三六)年十二月に、京都・南座で再演された。
安部は、夜行列車で京都駅に着き、南座へ直行した。「象引」を見た感想を交じえながら、「埋れた歌舞伎十八番を段々と世に出す三升の努力は大に賞すべきで、今日までの幾つかのそれは大抵成功してゐるのだから、劇界のために大きい足跡を印したと云へる。兎に角此『象引』は思ったより古典で大まかで、急いで駆付けて見たゞけの価値はあった」(「演藝画報」一九三七年一月号、演藝画報社)と三升の「歌舞伎十八番復活」を高く評価している。

二代目左團次が、大正二（一九一三）年十月に歌舞伎座で「象引」を演じているが、これは詩人として活躍していた平木白星《ひらきはくせい》の作。平木は「私の『象引』は江戸劇保存の為めに作ったのでは無い。十八番復活の目的ではない。一の象徴劇の試みなのである。豪宕潤達《ごうとうかったつ》の荒事劇の気分を漲《ちょ》溢《いつ》せしめるばかりが作者の主張ではなかった」（「歌舞伎」一九一三年十一月号、歌舞伎発行所）と記していることからも「歌舞伎十八番の復活」とは言えない。

「押戻」

本来、「押戻」とは、「道成寺」や「鳴神」などの幕切れ近くで、太い青竹を持った主人公が、舞台で荒れ狂い花道にまで出ようとする怨霊・妖怪などを超人的な力で押し戻す演出や役柄のこと。「荒事」の代表だ。

享保十二（一七二七）年三月、中村座で「国性爺竹抜五郎《たけぬきごろう》」の題名で初演された。二代目團十郎が五郎に扮し、当たり芸となった、とされる。「押戻」は、それ以前から演じられていたともされるが、定かではない。

三升は、昭和九（一九三四）年四月、歌舞伎座で、独立した一幕物として復活させた。台本は、歌舞伎の評論を手掛け、後に作者となった岡鬼太郎。死霊となって人々を苦しめ続ける平将門と影武者たちの前に、藤原秀郷《ふじわらのひでさと》の家来・朱間五郎《あかまのごろう》が現れ、藪から抜いて来た太い青竹でなぎ倒すという形にした。筋は、やはり「押戻」を見せるために組み立てられている。

舞台美術で、元禄歌舞伎の舞台を再現した。

演劇評論家の小谷青楓《こたにせいふう》は「十八番情調の横溢した物で、筋などは何うでも可い事ですが、末段になると、見参々々という形で、秀郷と貞盛《さだもり》が出るのですから困りものです。斯うなると受役の将門の方が大いに光って座頭役になり、主役の竹抜五郎の方は影が薄くなつて了ひます」「こゝに何とか一工夫ありたかつたと思ひます。三升の五郎は『解脱』などに比べると遥に荷が軽いだけに、楽々とこなして居ました」（「演藝画報」一九三四年五月号、演藝画報社）と評した。

「蛇柳」

「蛇柳《じややなぎ》」は、宝暦十三（一七六三）年五月、中村座で初演された。この時の題名は「百千鳥大磯《ももちどりおおいそ》流通《がよい》」。四代目團十郎が演じる「丹波《たんば》の助太郎《すけたろう》」という愚か者が、高野山《こうやさん》の麓にある「蛇柳」の前で、お道化た仕草をすると、男に捨てられた娘の霊が乗り移り、嫉妬の場面を演じ、これがウケたとされる。

「蛇柳」は、高野山・奥之院《おくのいん》の一角にあった柳。弘法大師《こうぼうだいし》・空海《くうかい》が、高野山を開くにあたり、災いをなす大蛇を祈禱で封じ込め、その地に柳を植えたという伝説が残る。

「蛇柳」は、「道成寺伝説」と同様に、大蛇を女と重ね合わせる発想から作られたのだろう。

昭和二十二（一九四七）年五月、東京劇場の「團菊祭」で、三升が演じ、復活させた。

台本は、川尻清潭。初演とは、全く違う筋立てで、主人公も景清に変えられている。平家の重宝である琵琶「青山《せいざん》」の行方を探しに高野山まで来た景清は、「蛇柳」の根元に埋められていることを突き止める。斧で木を切り倒すと、柳の精が現れ、景清が懐にしまってあった源氏の重宝「七星の鏡」を奪おうとし、争いになる。そこへ、景清の娘を助けた源氏方の侍・江間小四郎が現れる。恩義を感じた景清は、鏡を小四郎に渡す。

「七つ面」

「七つ面」は、元文五（一七四〇）年二月、市村座で二代目團十郎が初演。この時の題名は「姿《すがた》観隅田川《みすみだがわ》」だ。面を次々と取り換えながら、早変わりしてみせるという曲芸的な趣向の曲だ。

三升は、昭和十一（一九三六）年五月、歌舞伎座の「團菊祭延長興行」で演じている。山崎紫紅が補綴した。

三升は、自らが復活させた演目の中に「七つ面」を入れていない。これは、「九代目」が、福地桜痴（源一郎）に「新七つ面」という新演目を作ってもらい、明治二十六（一八九三）年十一月、歌舞伎座で演じているため、遠慮したのだろう。

舞台美術も手掛けていた日本画家の久保田金僊《くぼたきんせん》は、三升の「七つ面」について「この舞台面一こう古典劇の歌舞伎十八番といふ味ひ更になく、宛《あたか》も近頃流行の新舞踊劇でも見てゐる心持がする」と舞台美術のつまらなさを指摘し、三升の演技についても「幕切れに粟津三郎《あわつさぶろう》になっても一こうに冴えなかった」（「演藝画報」一九三六年六月号、演藝画報社）と酷評している。

これは久保田だけではなかった。素性は解らないが、早乙女敦《さおとめあつし》という筆者も「歌舞伎十八番の復活は結構です。然し初めの物は好かったが、段々下らなくなって来るのは困りものです。復活させる以上、たゞ格構をつけるだけでなく、詰らない物なら新たに生命を吹込んでくれなくては、復活の意義がありません」と説いた後、「七つ面」について「要するに役の無い俳優の捌《は》き場として、追出しに一幕附加へたのでせうから、開き直って見物する程の物でなく、批評などは野暮の骨頂、其舞台面同様に、物々しく役と俳優の名を並べて置けば可いのかも知れません」と突き放している。最後は「由緒ある歌舞伎十八番も斯《か》う御安直様《ごあんちよくさま》に取扱はれては形無しです。来年の團菊祭に今度のやうな十八番復活は真平真平」(「演藝画報」一九三六年六月号、演藝画報社)と厳しい言葉で結んでいる。

「外郎売」

「外郎売《ういろううり》」は、享保三(一七一八)年一月、二代目團十郎が森田座で演じた「若緑《わかみどり》 勢曾我《いきおいそが》」の中に初めて登場した。

「外郎」の通称があった小田原名物の漢方薬「透頂香《とうちんこう》」を売り歩く商人の恰好で現れ、由来や効能を流れるように見事に言い立てる。この「言い立て」が見どころだ。

「外郎売」は、「助六」などの中で演じられていた。元々は、團十郎家の子が、他に役がない時に宛がわれ、幕末頃には、肝心の「言い立て」もなく、ただ姿を見せるだけになっていた。

大正十一（一九二二）年九月、三升は、帝国劇場で、独立した一幕物として演じた。題名は「ういろう」となっている。台本は、河竹黙阿弥の弟子の平山晋吉《ひらやましんきち》が手掛けた。

しかし、三升は、「外郎売」も、自らの復活の中には挙げていない。

三升が復活させた「歌舞伎十八番」の内容的な評価は、総じて高くはなかった。しかし、三升にとっては、そんなことはどうでも良かった。復活させること自体が目的だったからだ。名跡が長い間、空白になっている中で、ややもすれば忘れ去られそうになっていた「市川宗家」の権威を再び世に知らしめようとしたのだ。今日では、團十郎、あるいは歌舞伎と言えば「歌舞伎十八番」と浮かぶほどになっている。三升の目的は十分に達したと言えるだろう。

第七章

受け継がれる名跡

1　白羽の矢

後継ぎ不在

役者になった三升だったが、「團十郎」を襲名するには、力不足だった。そのことは、自分でも解っていた。

当時、「市川宗家」には、三升のほかに、もう一人役者がいた。

大正二年、「九代目」の次女・扶伎子と結婚し、婿養子となった市川新之助だ。新之助は、五代目市川小團次の門弟で、二代目市川小文次《いちかわこぶんじ》を名乗っていたが、婿入りを機に、五代目市川新之助を襲名した。「新之助」は、海老蔵・團十郎への入り口に当たる名跡だ。

しかし、新之助は、「小芝居」上がりで、終生、その臭いが抜けなったと言われる。「市川宗家」にゆかりの興行では「大芝居」にも出たが、普段は「小芝居」に出ていた。戦後は関西歌舞伎に活動の中心を移す。

「演藝画報」に載った「役者の顔」と題した記事の中で、新之助について「顔から謂へば、立派に人気役者になり得る資格がある」としながらも、他の役者を引き合いに出し、「舞台で見る顔は又五郎、壽美蔵よりすぐれてゐるといふことは出来ない」(「演藝画報」一九一五年十一月号、演藝倶楽部)と評されている。つまりは、芸が拙いため、折角の立派な顔が舞台では映えない、というのだ。

新之助に、團十郎襲名の声が掛かることはなかった。

「目千両」の子

結局、「九代目」が亡くなってから、「團十郎」の名跡は、長い間、空白期間が続いた。

三升が白羽の矢を立てたのは、「九代目」の弟子だった七代目松本幸四郎の長男・九代目市川高麗蔵だった。四代目團十郎となった二代目幸四郎の実父は、二代目團十郎だとも言われる。三代目の幸四郎も、五代目として團十郎を継いだ。幸四郎・高麗蔵の名跡は、元々、團十郎と深いつながりがあった

高麗蔵の本名は、藤間《ふじま》治雄《はるお》。明治四十二(一九〇九)年一月六日生まれ。三人兄弟で、次弟は順次郎《じゅんじろう》(後の八代目松本幸四郎・初代白鸚《はくおう》)、末弟には豊(後の二代目尾上松緑《おのえしょうろく》)がいた。

「其の烱《けい》たる巨眼は正に親譲りの眼千両」(「演藝画報」一九一五年一月号、演藝倶楽部)と評されるほど、幼い頃から團十郎に相応しい風貌だった。

子どもが望むなら、他の道に進んでも良いと考えていた父の方針で、当時の歌舞伎役者としては珍しく、私立の学校へ入る。暁星《ぎょうせい》学園初等部から錦城《きんじょう》中学校へ進むが、学業には熱心ではなく、

中途退学することになる。

高麗蔵は、大正四（一九一五）年一月、六歳の時、帝国劇場で、「初代松本金太郎」として、「山姥」の怪童丸《かいどうまる》を演じ、正式な初舞台を踏んでいる。

曾祖父の初代藤間勘右衛門《ふじまかんえもん》は、舞踊家として知られるが、始め、七代目市川團十郎に入門し、「市川金太郎」を名乗った。「春興鏡獅子」の振付を任されるなど「九代目」に重用された舞踊家の祖父・二代目藤間勘右衛門と父・幸四郎の本名は、いずれも藤間金太郎。「金太郎」は、藤間家にとって、ゆかりの深い名だった。

「大根の黴」

昭和四（一九二九）年四月には、帝国劇場で、岡鬼太郎が能の「烏帽子折《えぼしおり》」を下敷きにして書いた「源氏烏帽子折《げんじえぼしおり》」の牛若丸に出て、九代目市川高麗蔵を襲名した。父を始め、六代目尾上梅幸、七代目澤村宗十郎といった帝国劇場の主だった役者が相手を勤めた。

父は、役者の血筋ではなかったが、幼い頃に藤間家の養子となり、「團十郎家」の高弟の証である「松本幸四郎」の名跡を名乗った。「高麗蔵」という名跡は、幸四郎の前名として定着していた。高麗蔵を襲名するからには、将来、幸四郎を襲名すると思われていた。

口上は、座頭の梅幸を真ん中に、父と高麗蔵が両脇に控えるだけのあっさりとしたもので、本人は、時々辞儀をするだけで終始無言だった。

翌年、肺結核に罹り、その後四年間の療養生活を送る。昭和八（一九三三）年に、父・松本幸四郎が演じる「助六」の口上役で復帰するが、フランス文学者で演劇評論家でもあった辰野隆《たつのゆたか》に「朝日新聞」の紙上で「大根の徽《しるし》が見えた」などと酷評される。これに対し、高麗蔵は、怒るでもなく朝日新聞気付で手紙を出す。すると一度来るようにとの返事が来たので、自宅を訪ねて教えを乞う。この時、芸の足しになるからと勧められ、辰野の東京帝国大学時代の教え子で、作家の今日出海《こんひでみ》に、しばらくの間、フランス語の指導を受ける。

2 「海老蔵」襲名

「市川宗家」の養子

高麗蔵は、昭和十一（一九三六）年から松竹を離れ、東宝劇団に参加するが、三年後に復帰する。この年の夏、父に付いて北海道への旅公演を終え帰京した高麗蔵に、思い掛けない話が待っていた。「市川宗家」の養子として迎えたい、という話が来たのだ。旅公演では、三升も一緒だった。

しかし、それまでの高麗蔵の役者としての評価は、けして芳しいものではなかった。その上、生来、病弱でもあった。弟の豊（二代目尾上松緑）が記している通り、神経質で気難しいところもあった。豪快で大らかな「團十郎」のイメージとはかけ離れていた。三升は、この若者に人知れない可能性を感じていたし、實子の意向もあった。

昭和十四（一九三九）年十一月、「九代目」が守り本尊としていた不動明王像が置かれた築地の「市川宗家」の座敷で、親子となる「固めの式」が行われた。三升夫婦と高麗蔵・幸四郎夫婦が向かい合い、小笠原流の礼法に則り、盃を交わした。

次への期待

翌年四月には「市川宗家」へ移り、五月の歌舞伎座の興行で、九代目市川海老蔵を襲名、「歌舞伎十八番」の一つ「ういらう」で、「ういらう売・曾我五郎」を演じた。

三升は、襲名に当たって、「演藝画報」に掲載された記事の中で、海老蔵の名跡は、二代目團十郎の前名に始まるとして、「市川家としては由緒深く且は重い名前で、明治十九年に六代目が歿して以来、久しく絶えてゐたのが今度五十何年ぶりに襲名することになりました。まだ若く前途春秋に富む新海老蔵は、必ずこの名前を汚さず、一層輝かしい名前にするやう、努力してくれることと信じて居ります」（「演藝画報」一九四〇年五月号、演藝画報社）と期待を示し、「ういらう」を選んだのは、この演目が初代海老蔵によって初演されたことに因んでだった。

この時の「ういらう」は、川尻清潭の補作。「曾我の対面」のような形式を取り、箱根神社の社頭で、曾我五郎・十郎兄弟と敵の工藤祐経が出会う。五郎は、外郎売の出立《いでたち》で、聞かせどころの「言い立て」をし、その後で引き抜きがあり本性を現す、といった段取りだった。

かつては、團十郎の名跡を譲ってから隠居名として海老蔵を名乗ることもあったが、この頃には、海老蔵になれば、次は團十郎というのが暗黙の了解だった。

十五代目市村羽左衛門、六代目尾上菊五郎、初代中村吉右衛門ら看板役者が勢揃い。劇中、座頭の羽左衛門が、工藤の扮装のまま口上を述べると、会場は一段と華やかな空気に包まれた。この口上で羽左衛門が、「将来さらに大きな名前を継ぐ」とも、はっきり「團十郎を継ぐ」と言ったともされる。羽左衛門だけでなく、口には出さなくとも、誰しもが、やがて次は團十郎だと思っていたに違いない。

後に海老蔵は「もう私は緊張してしまって、初日などはぼうっと気の遠くなるような気持と、コチコチに硬くなってしまって昂奮していました」と振り返っている（仁村美津夫《にむらみつお》『市川海老蔵』歌舞伎堂第一書店、一九五三年）。

苦悩の終戦前後

太平洋戦争の戦局が悪化して来た昭和十八（一九四三）年十二月、遂に海老蔵にも召集令状が届いた。しかし、その後から高熱が続き、年が明け入営予定の一月七日になっても、一向に下がらなかった。チフスだった。これが原因で入営せずに済み、二か月余り、築地の聖路加《せいろか》病院で入院生活を送ることになる。

病が癒え、四月に舞台に復帰したが、一段と戦局は厳しくなっていった。東京での興行が少なくなり、各地で空襲が続く中、秋には実父の松本幸四郎らと共に慰問巡業に出た。ところが、兵庫の姫路近くにいる時、東京から義母・實子の危篤を知らせる電報が届く。

急いで帰京したものの實子は亡くなった。葬儀を済ませると、慌ただしく東京を発ち、巡業中の一行に合流した。

昭和二十（一九四五）年に入ってからも、月の半分は東京近郊の工場地帯、残り半分は地方を回る、という日程で慰問が続いた。どこでも昼夜を分かたぬ激しい空襲に見舞われる中、命懸けだった。

三月の東京大空襲で海老蔵は焼け出され、幸四郎が住む実家に身を寄せた。その頃には、日本国中どこも、もう巡業どころではなくなっていた。

しかし、五月の空襲で、実家が焼失。歌舞伎座もコンクリート製の外壁を残し、中はすっかり焼け落ちてしまった。その無残な姿を見て、海老蔵は涙が止まらなかった。

苦悩と不安が交錯する中、疎開先の八王子の小さな家で、八月十五日の終戦の日を迎えた。ホッとすると同時に、あらためて舞台に対する情熱と意欲が沸いて来た。戦時中は禁止されていた演目を自由に演じることができるようになるという見通しが立ち、それが大きな喜びとなった。

東京劇場など、辛うじて焼け残った劇場で興行は再開され、海老蔵も出るようになったが、自分で納得できるような芝居はできなかった。

3 「花の海老さま」

初の「助六」

昭和二十一（一九四六）年五月の東京劇場での興行が、海老蔵にとって、一生忘れられない思い出となった。前月のある日、他の劇場で現代劇に出ていた海老蔵は、幸四郎が「助六」を演じていた東京劇場の楽屋を訪ねると、座頭の六代目尾上菊五郎の元へ挨拶に行った。菊五郎は、立役も、女形もこなし、踊りの名手としても知られた、随一の人気役者だった。すると、何の前触れもなく、「今度は、お前に助六をやらせるから」と言われた。

菊五郎は、父である五代目の意向で、若い時は、「九代目」に預けられ、茅ケ崎の別荘に住み込み、稽古を付けてもらっていた。三升も、よく一緒に遊んだ気心の知れた仲だった。

明治三十六（一九〇三）年二月に父が亡くなると、菊五郎は、「九代目」の後押しで、翌月には六代目を襲名した。「九代目」に対し、深い恩義を感じていた。

菊五郎と幸四郎に熱心に稽古をつけてもらい、恰好がついてきたが、初日が開くまでは「もう生きた心地がないほど緊張して、身のちぢむような心持ちで過しました」という（仁村美津夫『市川海老蔵』歌舞伎堂第一書店、一九五三年）。

どうにか無事に終えると評判は良く、これまでパッとしなかった海老蔵が「一皮剝けた」と見られ、一つの転機となった。世間は、團十郎襲名をいつか、いつかと注目するようになる。

海老蔵が、「助六」を演じる時、参考にしたのが、終戦の年、疎開先の長野・湯田中《ゆだなか》温泉で病死した十五代目市村羽左衛門の芸だった。「助六」は、羽左衛門の当たり役。海老蔵は、敵役・意休の子分「くわんぺら門兵衛《もんべえ》」をやったことがあり、羽左衛門独特の名調子や呼吸、顔の作り方を身近で見ていたことが勉強になった。

羽左衛門は、日仏両国の血を受け継ぐ美しい立役で、「花の橘屋」と呼ばれ、絶大な人気があった。世間も、松竹も、海老蔵に、この羽左衛門の穴を埋めることを期待していた。

曰くつきの「源氏物語」

その期待に見事な回答を出したのが、昭和二十六（一九五一）年の歌舞伎座三月興行で演じた「源氏物語」の「光君《ひかるきみ》」だった。「光君」とは、いわゆる光源氏のことだ。

空襲で焼け落ちた歌舞伎座は、再建され、この年の一月に再開場したばかり。「源氏物語」の上演は、昭和二十三（一九四八）年頃から検討が進められていて、松竹としては歌舞伎座再開場を視野に入れての満を持した企画だった。

『源氏物語』が書かれて以来、初めての演劇としての上演だった。『源氏物語』の舞台化は、これ以前にも計画されたことがある。昭和七年（一九三二）年、六代目坂東蓑助は、二代目中村又五郎《なかむらまたごろう》や新劇女優の杉村春子《すぎむらはるこ》らと劇団「新劇場」を結成。翌年、「源氏物語」を上演することを計画した。しかし警視庁の耳に入り、即刻、中止命令が出た。

これは、時期が悪かった。軍部が露骨に政治に介入し始め、右翼が勢いづいて来た時代。狂信的な「皇国史観《こうこくしかん》」が幅を利かせていた。時代の空気に押され、内務省や警視庁も、皇室に関することには、過敏に反応するようになっていた頃だった。

その曰くつきの『源氏物語』の主役である「光君」を海老蔵が演じることになった。

専門家総がかり

問題は、平安時代の貴族の世界を江戸時代の町人文化の中で育まれた歌舞伎で、どう表現するか。当初から、紫式部学会の協力を得て、企画を進めていたから、歌舞伎の真骨頂である「奇想天外」「変幻自在」を封印しなければならなかった。かと言って、あまり時代考証を厳密にし過ぎると、不評を買った「九代目」の「活歴」の二の舞になりかねなかった。

「谷崎源氏」をもとに、人気作家の舟橋聖一《ふなはしせいいち》が、現代語なども交えながら台本を書き、「桐壺《きりつぼ》」「空蟬《うつせみ》」「夕顔《ゆうがお》」「若紫《わかむらさき》」「紅葉賀《もみじのが》」「賢木《さかき》」の各巻からなる六幕物に仕立てた。

演出は、小説家・劇作家の久保田万太郎《くぼたまんたろう》が手掛けた。音楽には、平安時代の宮中の優雅な雰囲気を出すために、邦楽の世界に新風を吹き込んだ箏曲家《そうきょくか》で作曲家の宮城道雄《みやぎみちお》を加えた。箏《そう》や洋楽の合唱も入った従来の歌舞伎音楽とは違ったものになった。美術は、歴史画の大家・安田靫彦《やすだゆきひこ》が監修。踊りは、変化を付けるため、場面ごとに、西川鯉三郎《にしかわこいさぶろう》・花柳壽輔・藤間勘十郎《ふじまかんじゅうろう》・藤間勘右衛門と流派の違う四人に振り付けさせた。当時、一流とされた専門家が総がかりで取り組み、細部に至るまで凝りに凝った作品だった。

出演者は、海老蔵のほか、藤壺《ふじつぼ》に七代目尾上梅幸、頭中将《とうのちゅうじょう》に弟の二代目尾上松緑、夕顔に七代目中村福助（後の七代目芝翫）と、その後の歌舞伎界を担う顔ぶれだった。三升は比叡の僧都で、一幕だけ出た。

演劇評論家の利根川裕《とねがわゆたか》は、他の役者たちが、「舟橋源氏のセリフを、それぞれ自分が身につけている技術にひきよせて処理した」のに対し、海老蔵は「不器用、というのが、一貫して海老蔵につきまとう評辞であるが、この人は、不器用にもかかわらず柔軟であった。というよりは、不器用だからこそ、自分の内にあるものを容易に馴致《じゅんち》したり、造型化することが出来なかった。自分自身、表現する術《すべ》を知らないままの、みずみずしく柔軟なものが、まだ手つかずにこの人のなかにはあった。まるで天地創造の、漂える混沌のようなものである」（利根川裕『十一世市川團十郎』筑摩書房、一九八〇年）と評している。

押し寄せる人気

音楽や言葉の使い方など、これまでの歌舞伎とは違ったことの多い問題作であっただけに、評論家の間では賛否両論が渦巻いたが、観客にはウケた。特に、それまで歌舞伎に足を運ばなかったような若い女性の関心を呼んだ。連日、大入りで、舞台進行を管理する松竹の社員が座る客席後方の「監事室」の席まで売りに出された。

観客は、絵巻のように美しい舞台に見とれた。海老蔵の貴公子ぶりは、それに相応しく、「源氏物語」は、「海老さま」ブームのきっかけとなった。

市川海老蔵「源氏物語」光君（「演劇界」1951年4月号）

「源氏物語」は、わずか半年余り後の十月に、一部を「改訂増補」して再演された。この公演も、入場券に高額のプレミアムが付くほどの人気だった。さらに、翌年の昭和二十七（一九五二）年五・六月は、三代目市川左團次の襲名披露興行だったが、「第二編」として「源氏物語」の続編が上演され、海老蔵が主役の座を奪ってしまった。わずか一年余りの間に、これほど再演が繰り返されるのは、後にも先にも例がない。

同じ年の十月には、「海老さま」ブームに乗って、大佛次郎《おさらぎじろう》作の「若き日の信長」が、歌舞伎座で上演された。「鞍馬天狗《くらまてんぐ》」を始めとした時代小説でも定評があった大佛が、初めて手掛けた歌舞伎で、信長に海老蔵を重ね合わせた「あて書き」だった。

大佛は、この時の筋書に「有為の青年の孤独と苦悩、やがて、それを乗り切って自己を発見して行く姿」を出したかったと記している。これこそが、大佛の眼に映った海老蔵であり、その後への期待も込められていた。

これも、作家里見弴《さとみとん》が演出し、日本画家の大家・前田青邨《まえだせいそん》が美術を担当するという、「源氏物語」に劣らない豪華な作品だった。

演劇評論家の加賀山直三《かがやまなおぞう》は「海老蔵の信長は、序幕の孤独感、意識無意識の中に行ふ奇矯な行動の合間々々に漂ふ憂鬱味《ゆううつみ》が、この人の持味に合って居てい丶」としながらも、「この信長の役には、矢ッ張この人の不足して居る鋭い気魄《きはく》が最も必要である様だ」(「演劇界」一九五二年十一月号、演劇出版社)と評した。

翌年の昭和二十八(一九五三)年十月、歌舞伎座で、「劇聖團十郎五十年祭」と冠した「九代目」の追遠興行が催された。三升が「歌舞伎十八番」の一つ「解脱」の「景清」を演じ、海老蔵も、「江間小四郎」で出た。

この興行で、海老蔵の長男・夏雄《なつお》（後の十二代目團十郎）が、「大徳寺《だいとくじ》」の「三法師《さんぽうし》」の役で、正式に初舞台を踏んだ。「本能寺の変」で討たれた信長の法要が行われている大徳寺。衣冠束帯《いかんそくたい》の「羽柴秀吉《はしばひでよし》」に扮した海老蔵が、信長の嫡孫《ちゃくそん》・三法師を傍らに、後見役となり権力を掌握したことを見せつける場面だ。百姓上がりの猿顔というイメージとは懸け離れた気品のある秀吉だった。

新作「杜若」

昭和三十（一九五五）年六月の歌舞伎座で、海老蔵は「源氏物語」の主人公・光源氏のモデルとされる平安時代の貴族・在原業平を演じる。演目は、清元・箏曲掛け合いの舞踊「杜若《かきつばた》」。この月は、「九代目」の薫陶を受け、舞踊の名人とした知られた六代目尾上菊五郎の七回忌に合わせた「菊五郎劇団七周年」の興行だった。能の「杜若」を下敷きに三升が書いた新作だった。

三升は筋書に「私の初舞台が『東下りの業平』で有った為か、業平には思ひ出の深いものがある。『六歌仙』の業平、之も私が演じた事があるが、偶々《たまたま》有名な光琳《こうりん》の八つ橋の屏風を見た折にも、亦『能』の『杜若』を見た時も、八つ橋の業平を何とか書き綴り度いと思ひ、遂ひに烏滸《おこが》ましくも此『新曲杜若』を創作した」と経緯を記している。

三升は、書き上げた台本を作家の吉田《よしだ》絃二郎《げんじろう》に補綴してもらい、生前の菊五郎に見せた。菊五郎は、いたく気に入り、自分で踊るつもりで振り付けをした。松竹会長の大谷竹次郎を驚かせよ

海老蔵（業平）と梅幸（高子）「東下り」（「演劇界」1955年7月号）

うと密かにことを進めていたが、菊五郎は昭和二十四（一九四九）年に、亡くなってしまう。菊五郎の通夜の席で、大谷が、この経緯を知り、上演へと話が進んだ。

「東下り」の途中の業平が、三河国の杜若の名所で花を見ていると、都に残して来た高子《こうし》が忽然と現れる。二人は暫《しば》し、愛を語らうが、やがて高子は花の中に消えていく。実は、高子は杜若の精だったのだ。幻想的な作品だった。

舞台の背景には、歌舞伎に造詣の深かった前田青邨の光琳風の「八ッ橋」が描かれ、ちりめんで作った豪華な杜若の花々が評判になった。

演劇評論家の濱村米蔵は「残念なことに踊は一向面白くない。海老蔵の業平は旅姿というので沓を穿いている。まぼろしに現れる恋人は裲を引擦っている。この二人の連舞がどうもしっくりしない。現実と幻想とのからみ合に、きっときらめくものが欲しいのだが、そういうものは榮壽《えいじゅ》郎《ろう》の作曲に、中能《なかの》島欣一《しまきんいち》にも見当らない。なまじお仕着のような歌詞が付いているので、どうにもならないのだろう。それで前田青邨の美術だけが独走することになる」（「演劇界」一九五五年七月号、演劇出版社）と評している。

三升の信念

そんな評も関係なく、海老蔵の人気は高まる一方だったが、それでも三升は、一向に、團十郎を襲名させる気配を見せなかった。

興行元である松竹の創業者で、社長・会長を務めた大谷竹次郎ら関係者は、心配していたが、三升は慎重だった。それは、「團十郎」という名跡に対し、強い信念を持っていたからに他ならない。

友人で、松竹の取締役も務めた遠藤為春に対し、三升は「自分が堀越家を相続し團十郎の名を預かってゐる以上、名家に対する責任上、技芸人格並び備へた人でなければ許すことは出来ない。従《したが》つて悴だからといってみだりに嗣がせる事は自分の気持が許さない」と語っていたという（「幕間」一九五六年三月号、和敬書店）。

「十代目」追贈

「市川三升」こと堀越福三郎は、昭和二十九（一九五四）年の暮れから体調を崩し、親友が湘南の二宮《にのみや》に持っていた別荘で療養生活を送るようになる。そして三十一（一九五六）年二月一日、海老蔵の團十郎襲名を見届けることなく、七十七歳で生涯を閉じた。ちょうどこの日は、三升の恩人である初代中村鴈治郎の祥月命日だった。

当主となった海老蔵は、告別式の日、三升に「十代目市川團十郎」を追贈した。演劇評論家の金沢康隆は、三升の十代目追贈について次のように記している。

彼は、その晩年「十世」の文字を彫刻させた印章を常用した。市川十世、つまり十代目市川団十郎というのが、十代目の偽らぬ気持ちであった。これをよく知っていたのは十一代目だけであった。十代目を名乗る機会を得ぬまま歿《ぼっ》した十代目の柩《ひつぎ》に十代目団十郎の文字を書いたのは、十一代目ではなく、じつは十代目自身であった。（金沢康隆『市川團十郎』青蛙房、一九六二年）

これは、けっして不確かな伝聞や噂話によるものではない。なぜなら金沢は、この本の「あとがき」に「惜しみなく大切なる資料を開放貸与せられた十一代目団十郎丈の寛容を銘記する。これによって十代目団十郎追贈の重要なる根拠が判明したことは一つの発見であろう」と記し、十一代目とやり取りがあったことを明らかにしているからだ。

三升が、なかなか海老蔵の團十郎襲名を進めないのは、自分がなりたいからだ、と噂する者もいた。確かに、三升の心の中に、その気持ちがあったのは確かだ。しかし、それは「憧れ」と言った方が相応しいものだった。

三升は、「團十郎」という名跡の重みを誰よりも知り、その権威を守ろうとしていた。同時に、役者としての自らの力量が、とてもではないが、それに見合うものではないということも痛いほど解っていた。三升の苦悩は大きかった。

追贈は、この三升の苦悩を汲んでのことだった。二月四日、告別式が営まれた青山葬儀所の入口には、「故十代目市川團十郎堀越福三郎之柩」と筆文字で書かれた白い幟が、小糠雨《こぬかあめ》が降る中、立っていた。

三升の小唄好きは、年を取ってからも変わらず、病床でも作詞を続けたほどだった。二十日祭に当たる二月二十日には、遠藤為春、日本画家の伊東深水《いとうしんすい》、歌舞伎作者の田中青滋《たなかせいじ》ら仲間六十名ほどが集まり、追善の小唄の会が催された。田中が仕事場代わりにしていた新橋の工務店・叶屋《かのうや》の広間に舞台が設えられ、三升が使っていた鏡台の上に遺影が飾られ、小唄二曲が捧げられた。

4 「團十郎」復活

海老蔵の心中

三升が亡くなった後も、海老蔵は、慎重で、なかなか團十郎を襲名しようとはしなかった。演劇評論家の戸板康二《といたやすじ》は「この人の性格にもよるが、やはり『團十郎』の名跡の、比類ない重さもまた、無視できないだろう」(「演劇界」一九六二年三月号臨時増刊、演劇出版社)と、海老蔵の心の内を推測している。

演劇評論家の渡辺保《わたなべたもつ》は、この頃の海老蔵の芸について、「団十郎には、本来羽左衛門の優美、洗練とは違う、豪快で線の太い野性的な魅力がかくされていた。その違いは羽左衛門の艶っぽく細い流し目に対して、団十郎のギョロリと光る鋭い目にもっともよくあらわれていた」「生来あまり器用でなかった団十郎は、団十郎襲名の直前に四つの傑作を残した。『先代萩《せんだいはぎ》』の仁木弾正、『博多小女郎浪枕《はかたこじょろうなみまくら》』の毛剃九右衛門《けぞりくえもん》、『馬盥《ばだらい》』の武智光秀、『熊谷陣屋《くまがいじんや》』の熊谷である。この四つが示した野性的な輝きこそが、二枚目の美貌の下にかくされていた団十郎の本当の芸風であった」として上で、仁木、毛剃、光秀を挙げ「奇しくも以上の三役は、九代目団十郎の当たり芸でもあって、彼は羽左衛門から団十郎へ近づいて行ったのである」(渡辺保『戦後歌舞伎の精神史』講談社、二〇一七年)と指摘している。

人気低迷打破の起爆剤

昭和三十六(一九六一)年二月、海老蔵は、歌舞伎座での実父・七代目松本幸四郎の十三回忌追善興行を終え、松竹の大谷竹次郎会長のもとへ挨拶に訪れる。この時、襲名の話を切り出され、やっと腹を固める。

この時、松竹には、どうしても襲名させなければならない事情が生じていたし、海老蔵にも受げざる得ない理由があった。二月の追善興行真っただ中の十四日、「読売新聞」の朝刊社会面にトップ記事として、幸四郎が門弟を引き連れ、「東宝劇団」へ移籍するというスクープが載った。すでに月初めには、まだ十代後半の二人の息子、染五郎（後の九代目幸四郎・初代白鸚）と萬之助（後の二代目中村吉右衛門）の東宝入りが発表されていた。

松竹としては、これに対抗策を取らなければならなくなった。海老蔵の方は、戦前、同じように「東宝劇団」に走りながらも戻って来た自分を引き立ててくれた松竹への恩義を感じていた。

しかし、この翌月、海老蔵は、大佛次郎の新作「大仏炎上《だいぶつえんじょう》」を初日目前に行われる顔寄せの当日になって降板する。「大仏炎上」は、本来は前年の十月に上演する予定だったが、海老蔵の体調が優れないという理由で延期になっていたものだ。一度ならず二度までも、大作家の顔に泥を塗った訳だから、他の役者なら、襲名の話など止まってしまう。

ところが、海老蔵の場合は、そうはならなかった。松竹は、何もなかったかのように、襲名を進めていく。

演劇評論家の三宅周太郎《みやけしゆうたろう》は、辛口の批評で知られていたが、「結局それは彼には自信がないだけの理由で、積極的な利己主義の功利打算がないからではなかろうか。つまり、断りそびれただけで、特に悪意、政治家的な点がないからではあるまいか」（「演劇界」一九六二年三月号臨時増刊、演劇出版社）と、海老蔵のことを庇《かば》いぎみに推測している。

松竹は、人気低迷気味だった歌舞伎にとって、「團十郎」という他と比べようもない大名跡の復活は、起死回生の起爆剤になると期待していたのだ。

社運を賭けた大興行

襲名披露の興行は、歌舞伎座で、翌年の昭和三十七（一九六二）年四月一日からと決まったが、周囲は、その前から盛り上がっていた。歌舞伎の専門誌「演劇界」は、松竹から襲名が発表されると、早速、「市川團十郎」の増刊号を出すことを決めた。編集長で演劇評論家の利倉幸一《としくらこういち》は、襲名を江戸時代と比べると間が空いてしまった役者と観客との距離を再び縮める契機にしたいとし、「歌舞伎興行全体の振興にまでもって行って欲しいのである」と絶大な期待を込めた文章を載せている（「演劇界」一九六二年三月号、演劇出版社）。

新團十郎の日程は、年が明けると興行が始まる前からびっしりだった。二月下旬から、宣伝用スチール撮影、特別に仕立てられて京成電鉄の「團十郎号」に乗って初代ゆかりの千葉・成田山新勝寺へ襲名奉告の参詣、評論家や報道関係者を招いての懇親会、帝国ホテルでの披露パーティーなどが続いた。三月十五日には歌舞伎座の舞台上での興行の顔寄せが、史上初めて一般の観客も入れて行われ、二十七日からは日本橋白木屋《しろきや》を会場に「團十郎展」が始まった。

中でも新勝寺への参詣は、團十郎襲名への関心が、もはや歌舞伎ファンの間だけのものではなくなっていたことを示した。團十郎が成田駅のホームに降りると、成田市長や新勝寺の権大僧正《ごんだいそうじょう》らが出迎え、打ち上げ花火が上がった。東京から来た鳶《とび》の一団が木遣りを唄いながら先導。一行は、「新團十郎」を一目見ようと詰め掛けた見物客をかき分けながら、新勝寺に向かって参道をゆっくりと進んだ。團十郎が動くと、同行して来た大勢の新聞・雑誌の記者が、せわしなく動く。三脚を立てる余地もないので、火の見櫓の上によじ登って、團十郎にレンズを向けるカメラマンもいた。全ては、團十郎を中心に動いていた。

襲名は、全国に向かって大きく報道され、その注目度は社会現象といっても良いほど広がっていった。

ポスターは、通常の二・五倍の五千枚が刷られた。全てにおいて、それまでの襲名にはないほど大掛かりなものだった。松竹は、襲名に掛かった総経費を一億円と発表した。興行の宣伝には、「松竹の社運を賭す」という言葉が使われたが、けして誇張とは思えないほどだった。

三升が見抜いた資質

四月の襲名興行には、三代目市川壽海、十三代目片岡仁左衛門、十七代目中村勘三郎、七代目尾上梅幸、六代目中村歌右衛門、二代目尾上松緑らに、この頃、東宝へ移籍していた八代目松本幸四郎も駆け付けた。六十年ぶりに「團十郎」の名跡が復活するという歴史的な興行らしく、若手から大御所まで総出演だった。

團十郎は、「歌舞伎十八番」の中でも屈指の人気演目に出演。昼の部の「勧進帳」では、梅幸の義経、幸四郎の富樫を相手に弁慶、夜の部の「助六」では六代目坂東蓑助《ばんどうみのすけ》の意休に対し花川戸

十一代目市川團十郎「花川戸助六」(「演劇界」1962年5月号)

助六・曾我五郎を演じた。「助六」の河東節には、作家の舟橋聖一、日本画家の伊東深水、建築家の吉田五十八ら、この時代を代表する文化人が数多く加わった。

夜の部では、「市川宗家」の門弟や大御所の役者ら総勢八十人余りが顔を揃え口上も述べた。その列に、二代目市川旭梅の娘で、「九代目」の実の孫に当たる三代目市川翠扇が、「九代目」の血を引く人間として、ただ一人加わった。

興行は、五月も披露興行が続き、翠扇は夜の部の最後で「団十郎娘」を踊った。この演目は、明治以降、市川家の節目の興行で一族の女性が踊るのが恒例となっていた。

口上では、團十郎が、右の肩衣を脱ぎ、左手に三宝を掲げて、目に力を込める「にらみ」を披露した。「團十郎家」独特の見得で、見た人は、厄除けになると言われる。「江戸の守り神」と言われた團十郎ならではのことだ。生まれついての眼の大きさが活き、圧巻だった。

松竹の目論見通り、歌舞伎座は、二か月間にわたり観客で埋め尽くされ、六千五百万円の黒字を出したとされる。

歌舞伎評論家の浜村米蔵《はまむらよねぞう》は、團十郎が演じた「勧進帳」の弁慶について「まだ荒削りで、仕上げの残っているような感じはある。これを荒事の気分があるとか、いきいきとしているとかいって、讃めるのだったら贔屓の引き倒しになろう。それより何か大きい、でっけえという方がいい。出て来ただけで風を起すようなところはある。それと力の配分が良くって、あとになるほど盛上って来るのは有難い」（「演劇界」一九六二年五月号、演劇出版社）と冷静に評価している。

辛口の批評で知られた演劇評論家の三宅周太郎は「助六」について、「河東ぶしに傘の見得が、身についてきたのはうれしい。これで細部が器用にゆけば団十郎の名をはづかしめない。今日のレベル以上の助六だ」（「演劇界」一九六二年五月号、演劇出版社）と褒めた。

少年期に十一代目團十郎の舞台を見て、長じて国立劇場で歌舞伎の制作に携わった後、大学で演劇学を教えた神山彰《かみやまあきら》は「何もせず、黙っているところもよかった。いい役者は沈黙がいいのである。その沈黙が、段取りや意味付けによってでなく、十一代目特有の突然暴発する感情によって破られるような瞬間に、『お祭佐七《まつりさしち》』のような芝居でさえも、映画やテレビによっては得られない『人間』を超えた不思議な力を感じたものだ。今思うと、それが市川家の芸の魔力に違いない」（神山彰『近代演劇の脈拍――その受容と心性』森話社、二〇二一年）と指摘している。

つまり十一代目は、「團十郎」になるべくしてなったのだ。その資質を見抜いたのは、「堀越福三郎」の大きな手柄と言えるだろう。

おわりに

書き終わり、改めて全体を読み直すと、福三郎の人生の全貌が見えて来た。それを基に、福三郎の人生が、近代の歌舞伎の世界の中で、どう位置づけるべきかを私なりに考察してみることで「おわりに」としたい。

教養人であり、粋人でもあった福三郎は、「市川團十郎」という名跡の重みを十分に知っていた。「市川宗家」の婿養子となった時、それに強い誇りと責任を感じていたに違いない。

この家を一度背負ったからには、絶やすことなく、次の時代に繋げて行かなければならないと思ったことだろう。役者でない福三郎にできるのは、「次を継ぐ」のではなく、「次に繋げる」ための橋渡しという役割だった。

しかし、それに加え、義父である九代目團十郎が亡くなった時、福三郎の心の中に、新たな使命が芽生えたのかもしれない。

それは、義父が果たせなかったことを代わりに実現することだった

まず一つ目は、「市川宗家」から「女優」を輩出することだった。これについては、西園寺公

望が、實子と扶伎子の背中を押すことにより、結果的に挫折はするものの一旦は実現する。それを陰で支えたのは福三郎だった。

戦後になってから、福三郎は、豊川の素人の娘たちの一座に「市川少女歌舞伎」の名を与えて、肩入れする。このことからも、「女優」に対する思いが長く続いていたことが見てとれる。

福三郎は、三十になって、突如として、まるで分別を失ったかのように役者を志す。

この時点で、福三郎・實子夫婦は、まだ十分、子どもが生まれても不思議は無い年齢だった。自分は、「市川宗家」として、悠々として過ごし、生まれた子どもを役者として育てる、という手もあったはずだ。客観的に見ると無理に役者になる必要は無かった。

福三郎の行動に、世間は、表面上は喝采を送ったが、腹の中は「お手並み拝見」というのが本音だった。そんな反応も、福三郎はあらかじめ解っていたはず。それでも福三郎は、歌舞伎の世界に身を投じた。

なぜだろうか?

「演芸画報」に載った福三郎のインタビュー記事を見つけた時、これで解った、と小躍りしたが、ぬか喜びだった。「きっかけ」は實子が「女優」になったことだったのは語られていたが、肝心の「理由」は示されていなかった。

結局、いくら探しても、納得の行く理由を記した史料は見付からなかった。ここは、推測するしかない。

その理由こそが、もう一つ、義父が果たせなかったことを実現するためだったという結論に達した。

それは、「歌舞伎十八番」の完全復活だ。

福三郎は、「歌舞伎十八番」を非常に重く見ていた。そのことは、昭和三（一九二八）年に、京都・南座の「顔見世」興行で、松本幸四郎が、「助六」を演じようとした時に待ったを掛けたことからも見てとれる。

復活が目的であれば、先に手掛けていた高麗蔵、左團次、段四郎・猿之助親子ら意欲のある門弟に任せるということもできたはず。しかし福三郎は、本来、「歌舞伎十八番」の復活は「市川宗家」の人間だけにしか許されないことと考えていたのではないだろうか。

福三郎が、中村鴈治郎の元で役者修業を始めた前後、門弟たちによる復活が相次いだ。福三郎は危機感を感じたのではないだろうか。福三郎が役者になってからは、門弟による新たな復活が、ピタリと止まった。復活は、福三郎だけのものになる。

いずれにせよ、「歌舞伎十八番」を完全復活させたことは、「市川宗家」の権威を色褪せさせないことに役立った。

福三郎は、人生の終盤で、本来であり、最も重要でもある役割を果たす。それは、高麗蔵を養子として迎え、海老蔵とすることにより、「團十郎」の名跡を「次に繋げる」ための道筋を付けたことだった。

自ら役者になることによって、幕内から誰が次の團十郎に相応しいか、密かに見定めていたのかもしれない。その目は確かだった。

人生と共に、福三郎の意外な人物像も浮かび上がってきた。始め、写真に残る福三郎の風貌から想像していた人物像は、物事に恬淡とし、飄々と人生を生きた粋人。役者になったとしても、「團十郎」の名跡を襲名しようという気など、さらさら無かったのではないかと思っていた。

しかし、実はそうではなかった。福三郎は、心の奥底では「團十郎」になることを渇望していた。それは、単なる功名心や打算ではなく、「團十郎」という名跡の重みを誰よりも知り、「九代目」を神のように崇めていた福三郎の純粋な「憧れ」からだった。「憧れ」と役者としての実力の間で、人知れず苦悩を抱えていた。

それにもかかわらず、必死に「市川宗家」としての役割を果たそうとした福三郎の功績は、もっと高く評価されても良いのではないだろうか。

最後に、本書の執筆に当たり、適切な助言によって充実した内容に導いていただいた筑摩書房の松田健さん、貴重な明治の日本橋界隈の絵葉書の画像を提供していただいた日本橋弁松総本店社長の樋口純一さん、執筆に専念させてくれた家族に、深く感謝したい。

初代市川團十郎

実子
二代目團十郎

養子（三升屋助十郎の子）
三代目團十郎

実子（?）
四代目團十郎

実子
五代目團十郎

実子
六代目團十郎

養子（五代目の次女・すみの子）
七代目團十郎

長男
八代目團十郎

本名　堀越秀
前名　河原崎長十郎・河原崎権十郎・河原崎権之助・市川三升
五男
九代目團十郎
明治36（一九〇三）年歿66歳

養子（七代目の六男・幸蔵の子）
あかん平
明治10（一八七七）年歿13歳

本名　堀越實子
長女
二代目翠　扇
昭和19（一九四四）年歿63歳

本名　堀越福三郎
前名　市川三升
婿養子（長女・實子の夫）
十代目團十郎（追贈）
昭和31（一九五六）年歿77歳

本名　堀越治雄
前名　松本金太郎・市川高麗蔵・市川海老蔵
養子（七代目松本幸四郎長男）
十一代目團十郎
昭和40（一九六五）年歿56歳

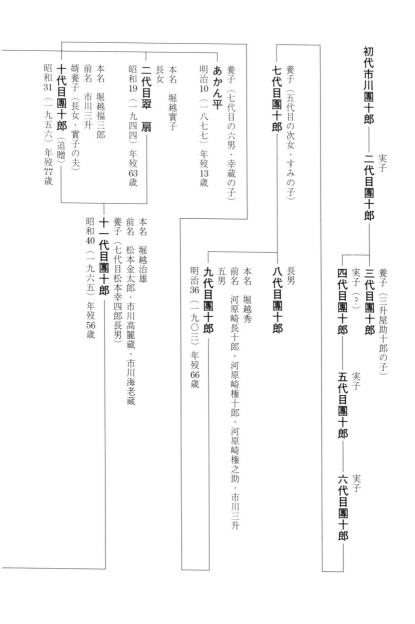

本名 堀越扶伎子
次女
二代目旭 梅
昭和22（一九四七）年歿65歳

本名 堀越柳吉
前名 市川小若・市川小文治
婿養子（次女・扶伎子の夫）
五代目新之助
昭和32（一九五七）年歿73歳

本名 堀越貴久栄
前名 市川紅梅
三代目翠 扇
昭和53（一九七八）年歿64歳

本名 堀越夏雄
前名 市川新之助・市川海老蔵
長男
十二代目團十郎
平成25（二〇一三）年歿66歳

本名 堀越治代
前名 市川紅梅
長女
初代壽紅

本名 堀越寶世
前名 市川新之助・市川海老蔵
長男
十三代目團十郎

本名 堀越智英子
前名 市川ぼたん
長女
四代目翠 扇

本名 堀越麗禾
長女
四代目ぼたん

本名 堀越勸玄
長男
八代目新之助

市川團十郎家系図

注①七代目までは兄弟関係が定かでないため、一律「実子」とした。
②前名は、本名で舞台に立った場合を除く。
③庶子も、「実子」とした。
④歿年は九代目以降のみとし、十一代目以降は満年齢で表記した。

参考文献

書籍

青木宏一郎『大名の「定年後」——江戸の物見遊山』中央公論新社、二〇二一年
秋庭太郎『考證 永井荷風』岩波書店、一九六六年
安藤良雄『社史日本通運株式会社』日本通運、一九六二年
飯田徳次郎ほか編『全国履物商工人名鑑』全国履物商報社、一九一六年
飯田徳次郎・飯田豊四郎編『東洋履物商工人名鑑』東洋履物新報社・東洋履物足袋新報社、一九一三年
井口政治編『女優鑑』演藝画報社、一九一二年
伊坂梅雪『五代目菊五郎自傳』先進社、一九二九年
石井良助『吉原』中央公論社、一九六七年
市川三升『九世團十郎を語る』推古書院、一九五〇年
市川翠扇『九代目 團十郎と私』六芸書房、一九六六年
市川升十郎『かぶき人生』豊文堂、一九八三年
井上甚之助『三津五郎藝談』和敬書店、一九四九年
伊原青々園『團菊以後』青蛙房、一九七三年
伊原敏郎『明治演劇史』鳳出版、一九七五年
岩井忠熊、『西園寺公望』岩波書店、二〇〇三年
岩井眞實『近代博多興行史——地方から中央を照射する』文化資源社、二〇二二年
内田直二『人事興信録 第三版』人事興信所、一九一二年
演藝画報社編『日本俳優鑑』演藝画報社、一九一〇年
大石慎三郎『江戸時代』中央公論新社、二〇〇八年
太田俊太郎編『昭和三年版 現代紳士録』中央探偵局、一九二八年

大場禎一郎編『全国履物荒物商工辞典』日本履物商報社、一九〇九年
大村八郎『帝都大学評判記』三友堂書店、一九三四年
岡鬼太郎『歌舞伎眼鏡』新大衆社、一九四三年
岡本綺堂『明治劇談 ランプの下にて』岡倉書房、一九三五年
小山内薫『小山内薫全集 第五巻』臨川書店、一九七五年
小山内薫『小山内薫全集 第八巻』臨川書店、一九七五年
尾上松緑『松緑芸話』講談社、一九八九年
尾村幸三郎『日本橋魚河岸物語』青蛙房、一九八四年
加賀山直三『團十郎三代』三杏書院、一九四三年
鹿島萬兵衛『江戸の夕栄』紅葉堂書房、一九二二年
金沢康隆『市川團十郎』青蛙房、一九六二年
金森和子編『歌舞伎座百年史 本文編上巻』松竹・歌舞伎座、一九九三年
金森和子編『歌舞伎座百年史 資料編』松竹・歌舞伎座、一九九五年
金森和子編『歌舞伎座百年史 本文編下巻』松竹・歌舞伎座、一九九八年
鐘淵紡績編『鐘紡東京本店史』鐘淵紡績、一九三四年
神山彰『近代演劇の脈拍――その受容と心性』森話社、二〇二一年
河竹繁俊校註『日本古典全書 歌舞伎十八番集』朝日新聞社、一九五二年
河竹繁俊『日本演劇全史』岩波書店、一九五九年
木下直之『東京の銅像を歩く』祥伝社、二〇一一年
木下隆一『現代俳優鑑』演藝画報社、一九一八年
木村毅『西園寺公望傳』傳記刊行會、一九三七年
木村毅編『西園寺公望公自傳』大日本雄弁会講談社、一九四九年
木村菊太郎『昭和小唄（その三）』演劇出版社、二〇〇五年
木村錦花『明治座物語』歌舞伎出版部、一九二八年
木村錦花『近世劇壇史・歌舞伎座編』中央公論社、一九三六年
木村錦花『守田勘彌 近世劇壇変遷史』新大衆社、一九四三年

木村錦花『興行師の世界』青蛙房、一九五七年
宮内庁『明治天皇紀 第五』吉川弘文館、一九七一年
宮内庁『明治天皇紀 第六』吉川弘文館、一九七一年
杉浦善三編『俳優明鑑』演藝倶楽部、一九〇九年
熊谷爲蝶『名家演藝ひかへ帳』東雲堂書店、一九一〇年
倉田喜弘『明治大正の民衆娯楽』岩波書店、岩波新書、一九八〇年
倉田喜弘『芝居小屋と寄席の近代――「遊芸」から「文化」へ』岩波書店、二〇〇六年
郡司正勝校注『歌舞伎十八番集 日本古典文学大系98』岩波書店、一九六五年
慶応義塾編『慶応義塾百年史 上巻』慶応義塾、一九五八年
慶応義塾編『慶応義塾百年史 中巻（前）』慶応義塾、一九六〇年
慶応義塾150年史資料集編集委員会『慶応義塾150年史資料集1』慶応義塾、二〇一二年
慶応義塾史事典編集委員会『慶応義塾史事典』慶応義塾、二〇〇八年
慶應義塾塾監局『慶應義塾塾員名簿』慶應義塾塾監局、一九二四年
慶應義塾塾監局『塾員名簿』慶應義塾塾監局、一九四二年
慶應義塾商業学校創立八十八年記念事業委員会『慶應義塾商業学校略史』慶應義塾商業学校創立八十八年記念事業委員会、一九七八年
藝能史研究会編『日本芸能史 第7巻』法政大学出版局、一九九〇年
国立劇場近代歌舞伎年表編集室『近代歌舞伎年表 大阪編 第五巻』八木書店、一九九〇年
国立劇場近代歌舞伎年表編集室『近代歌舞伎年表 京都編 第五巻』八木書店、一九九九年
小坂井澄『団十郎と菊五郎』徳間書店、一九九三年
小坂井澄『団十郎と勧進帳』講談社、一九九三年
斎藤慎一『江戸――平安時代から家康の建設へ』中央公論新社、二〇二一年
佐藤かつら『歌舞伎の幕末・明治――小芝居の時代』ぺりかん社、二〇一〇年
佐藤純吉編『第十六版 帝国商工信用録 履物商之巻』博信社、一九三〇年
時事新報社編『全国五十萬圓以上資産家表』時事新報社、一九一六年
下館市史編纂委員会『下館市史 下巻』大和学芸図書、一九六八年

松竹『松竹七十年史』一九六四年
松竹『松竹八十年史』一九七五年
松竹『松竹百年史 本文』一九九六年
松竹『松竹百年史 演劇資料』一九九六年
松竹『松竹百十年史』二〇〇六年
松竹演劇部『季刊 歌舞伎 別冊第一号』一九六九年
白井松次郎『中村鴈治郎を偲ぶ』創元社、一九三五年
杉浦善三『帝劇十年史』玄文社、一九二〇年
鈴木浩三『地形で見る江戸・東京発展史』筑摩書房、ちくま新書、二〇二一年
高久茂編『切手になった日本文化人』一二三書房、一九五四年
田口章子『二代目市川団十郎』ミネルヴァ書房、二〇〇五年
田中優子『遊郭と日本人』講談社、二〇二一年
千谷道雄『幸四郎三国志 菊田一夫との四〇〇〇日』文藝春秋、一九八一年
帝劇史編纂委員会編『帝劇の五十年』東宝、一九六六年
戸板康二『歌舞伎十八番』中央公論社、一九七八年
東京市会事務局編『東京市会史』東京市会事務局、一九三五年
東京市日本橋区役所編『復刻 日本橋区史 第一冊』本郷出版社、一九八三年
東京市日本橋区役所編『復刻 日本橋区史 第二冊』本郷出版社、一九八三年
東京市日本橋区役所編『復刻 日本橋区史 第三冊』本郷出版社、一九八三年
東京市日本橋区役所編『復刻 日本橋区史 第四冊』本郷出版社、一九八三年
東京百年史編集委員会編『東京百年史 第二巻』東京都、一九七二年
東京都中央区役所編『中央区史 下巻』東京都中央区役所、一九五八年
東京都中央区役所編『中央区史 中巻』東京都中央区役所、一九五八年
利倉幸一『市川左團次覚書』建設社、一九四〇年
利根川裕『十一世市川團十郎』筑摩書房、一九八〇年
外山正一『演劇改良論私考』丸善書店、一八八六年

中野金次郎編『国際通運株式会社史』国際通運、一九三八年
中村鴈治郎『鴈治郎自傳』大阪毎日新聞社、一九三五年
中村鴈治郎『鴈治郎の歳月』文化出版局、一九七二年
中村鴈治郎『役者馬鹿』日本経済新聞社、一九七四年
中村芝鶴『役者の世界』木耳社、一九六六年
西山松之助『市川団十郎』吉川弘文館、一九六〇年
仁村美津夫『市川海老蔵』歌舞伎堂第一書店、一九五三年
長谷川時雨『春帯記』岡倉書房、一九三七年
服部幸雄『市川團十郎代々』講談社、二〇〇二年
土方定一編『明治藝術・文学論集 明治文学全集79』筑摩書房、一九七五年
兵藤裕己『禁じられた近代――〈国民〉の身体とパフォーマンス』岩波書店、二〇〇五年
福澤研究センター編『慶應義塾入社帳 索引』慶應義塾、一九八六年
福澤研究センター編『慶應義塾入社帳 第四巻』慶應義塾、一九八六年
福地源一郎『第九代市川団十郎略伝』東京築地活版製造所、一九〇三年
藤田覚『遠山金四郎の時代』校倉書房、一九九二年
藤田洋『明治座評判記』明治座、一九八八年
堀越福三郎『鏡獅子』芸艸堂出版部、一九四八年
正岡容『随筆集 百花園』労働文化社、一九四六年
松居眞玄『團州百話』金港堂書籍、一九〇三年
三田村鳶魚『御殿女中』青蛙房、一九七一年
嶺隆『帝国劇場開幕』中央公論社、一九九六年
三宅三郎『歌舞伎資料選書5 小芝居の思い出』国立劇場調査養成部芸能調査室、一九八一年
安田火災海上保険編『安田火災百年史 明治21年~昭和63年』安田火災海上保険、一九九〇年
吉田伸之『日本の歴史17 成熟する江戸』講談社、二〇〇二年
立命館大学西園寺公望伝編纂委員会編『西園寺公望伝 第一巻』岩波書店、一九九〇年
立命館大学西園寺公望伝編纂委員会編『西園寺公望伝 第二巻』岩波書店、一九九一年

立命館大学西園寺公望伝編纂委員会編『西園寺公望伝　第三巻』岩波書店、一九九三年
龍溪書舎編『復刻版　日本橋繁盛記』龍溪書舎、一九九二年
渡辺保『四代目市川団十郎』筑摩書房、一九九四年
渡辺保『戦後歌舞伎の精神史』講談社、二〇一七年
渡辺保『九代目團十郎』小学館、二〇一八年

新聞

「都新聞」一九〇八年一月九日付
「都新聞」一九〇八年一月十八日付

雑誌

「演藝画報」演藝画報社、一九〇七年三月号
「演藝画報」演藝画報社、一九〇七年四月号
「演藝画報」演藝画報社、一九〇七年十月号
「演藝画報」演藝画報社、一九〇七年十二月号
「演藝画報」演藝画報社、一九〇八年六月号
「演藝画報」演藝画報社、一九一〇年八月号
「演藝画報」演藝画報社、一九一〇年九月号
「演藝画報」演藝画報社、一九一一年四月号
「演藝画報」演藝画報社、一九一三年十一月号
「演藝画報」演藝画報社、一九一四年十月号
「演藝画報」演藝倶楽部、一九一五年一月号
「演藝画報」演藝倶楽部、一九一五年八月号
「演藝画報」演藝倶楽部、一九一五年十一月号
「演藝画報」演藝倶楽部、一九一六年四月号
「演藝画報」演藝倶楽部、一九一六年八月号

「演藝画報」演藝倶楽部、一九一七年二月号
「演藝画報」演藝倶楽部、一九一七年十二月号
「演藝画報」演藝倶楽部、一九一九年七月号
「演藝画報」演藝倶楽部、一九二〇年四月号
「演藝画報」演藝倶楽部、一九二〇年九月号
「演藝画報」演藝倶楽部、一九二一年十月号
「演藝画報」演藝倶楽部、一九二二年六月号
「演藝画報」演藝画報社、一九二四年五月号
「演藝画報」演藝画報社、一九二八年一月号
「演藝画報」演藝画報社、一九二九年一月号
「演藝画報」演藝画報社、一九二九年二月号
「演藝画報」演藝画報社、一九二九年五月号
「演藝画報」演藝画報社、一九三一年四月号
「演藝画報」演藝画報社、一九三二年十一月号
「演藝画報」演藝画報社、一九三二年十二月号
「演藝画報」演藝画報社、一九三三年二月号
「演藝画報」演藝画報社、一九三六年六月号
「演藝画報」演藝画報社、一九三七年一月号
「演藝画報」演藝画報社、一九三八年五月号
「演藝画報」演藝画報社、一九三八年七月号
「演藝画報」演藝画報社、一九三九年一月号
「演藝画報」演藝画報社、一九三九年十二月号
「演藝画報」演藝画報社、一九四〇年一月号
「演藝画報」演藝画報社、一九四〇年五月号
「演藝画報」演藝画報社、一九四〇年六月号
「演劇界」演劇出版社、一九五一年五月号

「演劇界」演劇出版社、一九五一年十月号
「演劇界」演劇出版社、一九五二年六月号
「演劇界」演劇出版社、一九五二年十月号
「演劇界」演劇出版社、一九五二年十一月号
「演劇界」演劇出版社、一九五三年二月号
「演劇界」演劇出版社、一九五三年十一月号
「演劇界」演劇出版社、一九五五年七月号
「演劇界」演劇出版社、一九五六年三月号
「演劇界」演劇出版社、一九六二年三月号
「演劇界」演劇出版社、一九六二年三月号臨時増刊
「演劇界」演劇出版社、一九六二年四月号
「演劇界」演劇出版社、一九六二年五月号
「別冊太陽　歌舞伎　源氏物語」平凡社、二〇〇一年
「幕間」和敬書店、一九五三年二月号
「幕間」和敬書店、一九五三年三月号
「幕間」和敬書店、一九五六年三月号
「歌舞伎」歌舞伎発行所、一九〇一年十二月号
「歌舞伎」歌舞伎発行所、一九〇三年一月号
「歌舞伎」歌舞伎発行所、一九〇五年十一月号
「歌舞伎」歌舞伎発行所、一九〇八年十月号
「歌舞伎」歌舞伎発行所、一九一〇年六月号
「歌舞伎」歌舞伎発行所、一九一〇年十一月号
「歌舞伎」歌舞伎発行所、一九一三年九月号
「歌舞伎」歌舞伎発行所、一九一三年十一月号

論文
櫻井良樹「制限選挙期における東京市会議員総選挙の結果について」(『麗沢大学論叢』第九号、麗沢大学紀要等編集委員会、一九九八年)
守随憲治「市川九女八伝聞記Ⅰ」(『実践文学 第四十二号』実践国文学会、一九七一年)
守随憲治「市川九女八伝聞記Ⅱ」(『実践国文学 第二号』実践国文学会、一九七二年)
土田牧子「女役者という存在とその歴史的位置づけ——中村歌扇の芸歴を通して」(『東京藝術大学音楽学部紀要』三八集、東京藝術大学音楽学部、二〇一二年)
筒井正夫「日清戦後、富士紡績会社の経営危機とその克服過程——和田豊治の経営・労務改革(1)」(『滋賀大学経済学部研究年報』第十八号、滋賀大学経済学部、二〇一一年)
野口孝一「明治初期東京の土地所有状況——山本忠兵衛編『区分町鑑東京地主案内』を中心に」(『総合都市研究』第三〇号、東京都立大学都市研究センター、一九八七年)
矢倉伸太郎「明治30年代以降における鐘淵紡績株式会社の役員と株主について」(『産業と経済』第14巻第2号、奈良産業大学経済学会、一九九九年)
和田修「『鏡獅子の成立』」(『舞踊学』十一号、舞踊学会、一九八八年)

台本
『新作 杜若』(市川三升作)一九五五年

筋書
昭和十五年「歌舞伎座五月興行」筋書

WEB
取材者・舘野太朗、神山彰、日比野啓、編集構成・舘野太朗、監修・市川梅香『市川梅香聞き書き』二〇一五年

「十代目市川團十郎」関連年表

一八七〇（明治三）年	政府、太政官布告「平民名字許可令」を出し、平民に苗字を許す。
一八七三（明治六）年	祖父・安兵衛が隠居。父・稲野辺勘太郎が跡を継ぎ、日本橋の履物屋「常陸屋」の主人となる。同時に姓を「稲延」、名を「利兵衛」と改める。
一八七七（明治十）年	福三郎の兄・新太郎生まれる。 九代目市川團十郎が、養子に迎えた弟・市川幸蔵の子・あかん平が亡くなる。享年十三歳。
一八八〇（明治十三）年	十月三十一日、利兵衛の次男として福三郎生まれる（?）。
一八八七（明治二十）年	四月、外務大臣・井上馨邸で、初の「天覧歌舞伎」。九代目市川團十郎、五代目尾上菊五郎、初代市川左團次ら「勧進帳」などを演じる。
一八八八（明治二十一）年	九代目市川團十郎一門による「三升会」設立。芝公園・紅葉館で、発足会開かれる。七月七・八日、新富座で慈善興行。
一八八九（明治二十二）年	十一月、京橋・木挽町に歌舞伎座開場。
一八九〇（明治二十三）年	警視庁、男女混合の興行を不問に付す通達。

一八九三（明治二十六）年	三月、九代目市川團十郎の長女・實子、妹の扶伎子と共に、「鏡獅子」の胡蝶の精で、歌舞伎座の舞台に立つ。
一八九五（明治二十八）年	福三郎、慶應義塾商業学校（夜間）入学（?）。
一八九七（明治三十）年	九代目市川團十郎の後継者と目されていた五代目市川新蔵が亡くなる。享年三十七歳。
一八九八（明治三十一）年	日本通商銀行設立。利兵衛は、頭取となる。九代目市川團十郎、神奈川県の茅ヶ崎に別荘「孤松庵」を建てる。
一九〇〇（明治三十三）年	福三郎、慶應義塾商業学校（夜間）卒業（?）。
一九〇一（明治三十四）年	利兵衛、日本橋区会議員の初当選、政界へ進出する。福三郎の兄嫁の父・籾山半三郎の仲立ちで、九代目市川團十郎（堀越秀）の長女・實子と見合い。十一月十五日、質商・中村彌助の媒酌で結婚。婿養子として堀越家に入る。
一九〇三（明治三十六）年	九月十三日午後三時四十五分、九代目市川團十郎、茅ヶ崎の別荘で亡くなる。享年六十六歳。諡号・玉垣道守彦霊。青山墓地に埋葬。
一九〇五（明治三十八）年	九月、歌舞伎座で「九代目市川團十郎 三年祭追善興行」。娘の實子・扶伎子が「二人道成寺」を踊る。初代市川猿之助が「勧進帳」、二代目市川左團次が「矢の根」を演じる。

一九〇八（明治四十一）年	西園寺公望の勧めで、實子は「翠扇」、扶伎子は「旭梅」の芸名で「女優」となり、明治座の専属となる。一月の再開場の柿落し興行で初めて舞台を踏む。 市川高麗蔵、歌舞伎座の十一月興行で、歌舞伎十八番「景清」を復活上演。
一九〇九（明治四十二）年	翠扇・旭梅、興行不振の明治座から、歌舞伎座へ移る。一月興行で、「鏡獅子」に出演。
一九〇九（明治四十二）年	市川左團次、明治座の九月興行で、歌舞伎十八番「毛抜」を復活上演。
一九一〇（明治四十三）年	市川左團次、明治座の五月興行で、歌舞伎十八番「鳴神」を復活上演。 六月、福三郎は、九州を巡業中の初代中村鴈治郎の一座に加わる。「林長平」を名乗り、小倉・常盤座で、密かに初舞台。「良弁杉由来」などに出演する。 九月、本名の「堀越福三郎」を名乗り、大阪・中座で初舞台披露。「臼挽曾我」の五郎と東下りの業平を勤める。十二月には、京都・南座でも初舞台披露。 十月、市川段四郎・猿之助親子、歌舞伎座で襲名披露興行。歌舞伎十八番「鎌髭」を復活上演。

一九一三（大正二）年	五代目市川小團次の門弟・市川小文次（本名・柳吉、旧姓は谷内）、扶伎子と結婚し、婿養子となる。五代目市川新之助を襲名する。十一月、三升、新富座で、東京での新舞台披露。業平に扮し口上。「曾我兄弟」で鴈治郎の十郎を相手に五郎を演じる。
一九一七（大正六）年	歌舞伎座で「九代目市川團十郎 十五年祭追善興行」。福三郎、歌舞伎十八番の「矢の根」の曾我五郎を勤め、五代目市川三升を襲名披露。同時に帝国劇場・市村座でも追善興行。日本橋・白木屋で「團十郎展覧会」を開催。
一九一九（大正八）年	五月、一九〇五（明治三十八）年に催された「三年祭追善興行」の利益を使い、浅草寺境内に九代目市川團十郎の「暫」の銅像が建立される。
一九二二（大正十一）年	三升、帝国劇場の九月興行で、「ういろう」を復活上演。外郎売を演じる。
一九二三（大正十二）年	九月一日、関東大震災起こる。築地の市川家も被災。四谷大番町の六代目市川團之助方に避難する。
一九二五（大正十四）年	九代目市川團十郎の「芸術性」を研究する「十三日会」が初会合。
一九二九（昭和四）年	市川左團次、歌舞伎座の十一月興行で歌舞伎十八番「関羽」を復活上演。

一九三二（昭和七）年	十一月、歌舞伎座で「九代目團十郎 三十年追遠興行」を開催。三升、歌舞伎十八番「解脱」を復活上演。悪七兵衛景清を演じる。儒学者で、画家・書家の亀田雲鵬が提唱した「九代目」を讃える「劇聖」という言葉が、宣伝に使われ、やがて定着する。翠扇は、「團十郎娘」で、近江のお兼を演じる。三升、この年から翌年に掛けて、東京と大阪で、追遠茶会を催す。
一九三三（昭和八）年	一月、歌舞伎座で、前年の興行の盛況を受け「九代目團十郎 三十年追遠延長興行」。三升、歌舞伎十八番の「不破」を復活上演。不破伴左衛門を演じる。 三升、歌舞伎座の十月興行で、歌舞伎十八番の「象引」を復活上演。山上源内左衛門長直を演じる。
一九三四（昭和九）年	三升、歌舞伎座の四月興行で、歌舞伎十八番の「押戻」を復活上演。朱間の五郎後に竹抜五郎を演じる。
一九三六（昭和十一）年	四月、歌舞伎座で「九世市川團十郎 五世尾上菊五郎 胸像建設記念團菊祭興行」。第一回の「團菊祭」。三升、歌舞伎十八番の「嫐」を復活上演。照日の巫女・実は葉束の前の霊を演じる。 歌舞伎座の「團菊祭」、五月も延長興行。三升、歌舞伎十八番の「七つ面」を復活上演。元典寺赤右衛門・実は粟津六郎敏兼を演じる。

一九三七（昭和十二）年　三月、歌舞伎座で、「成田山開基一千年祭記念興行」。三升、成田山大縁起「天慶兵乱」で、寛朝大僧正を演じる。

一九三九（昭和十四）年　十一月、九代目市川高麗蔵、「市川宗家」の養子となる。

一九四〇（昭和十五）年　高麗蔵、九代目市川海老蔵を襲名。歌舞伎座の「奉祝紀元二千六百年 五月興行」で襲名披露。歌舞伎十八番の「ういらう」を演じる。

一九四一（昭和十六）年　十二月、太平洋戦争開戦。

一九四三（昭和十八）年　十二月、海老蔵に召集令状が来たが、チフスに罹り、二か月余り入院し、入営せず。

一九四四（昭和十九）年　十月、三升の妻・堀越實子（市川翠扇）、亡くなる。享年六十三歳。

一九四五（昭和二十）年　太平洋戦争終戦。

一九四七（昭和二十二）年　五月、歌舞伎座が戦災で焼失したため、東京劇場で「團菊祭」。三升、歌舞伎十八番「蛇柳」復活上演。景清を演じる。

一九五〇（昭和二十五）年　第一次「文化人切手」発行。芸能人で、唯一、九代目市川團十郎が登場。発行日は、亡くなってから四十七回目の命日である九月十三日。三越日本橋本店で「團十郎記念展」、東京劇場で座談会。三升、『九世團十郎を語る』を出版。

一九五一（昭和二十六）年	海老蔵、歌舞伎座の三月興行で「源氏物語」の「光君」を演じ大当たり。三升も、比叡の僧都で出演。十月には「改訂増補」として再演。翌年五・六月の「三代目市川左團次襲名披露興行」でも「第二編」として再々演。
一九五二（昭和二十七）年	愛知・豊川の少女たちが三升から「市川少女歌舞伎」の名を許され、静岡の浜松座で旗揚げ興行。
一九五三（昭和二十八）年	十月、歌舞伎座で「劇聖團十郎五十年祭大歌舞伎」。この時、初めて興行名に「劇聖」の文字が冠せられる。歌舞伎十八番の「解脱」で、三升は悪七兵衛景清、海老蔵は江間小四郎義時を演じる。海老蔵の長男・夏雄（後の十二代目團十郎）も、「大徳寺」の三法師役で出演。
一九五五（昭和三十）年	歌舞伎座の六月興行で、三升が書いた新作「杜若」が初演される。海老蔵は、在原業平を演じる。
一九五六（昭和三十一）年	二月一日、三升（堀越福三郎）、二宮の友人の別荘で亡くなる。享年七十七歳。「市川宗家」当主を継いだ海老蔵、三升に「十代目市川團十郎」を追贈。
一九六二（昭和三十七）年	海老蔵、「十一代目市川團十郎」を襲名。四月・五月と歌舞伎座で襲名披露興行。團十郎、歌舞伎十八番の「勧進帳」の弁慶と「助六」を演じる。五月興行では、扶伎子の娘で三升の姪に当たる三代目市川翠扇が「団十郎娘」を踊る。

中村雅之　なかむら・まさゆき
一九五九年、北海道生まれ。法政大学大学院（日本史学専攻）修士課程修了。明治大学大学院兼任講師。横浜能楽堂芸術監督。幅広く伝統芸能のプロデュースを手掛けると同時に、「芸能社会史」の立場から、芸能と国家・社会について研究。著書に『教養としての能楽史』（ちくま新書）、『古典芸能てんこ盛り』『英訳付き 1冊でわかる日本の古典芸能』（以上、淡交社）、『これで眠くならない! 能の名曲60選』（誠文堂新光社）、『能・狂言 日本の伝統芸能を楽しむ』（偕成社）、『野村萬斎 なぜ彼は一人勝ちなのか』（新潮新書）などがある。

筑摩選書 0282
空白《くうはく》の團十郎《だんじゅうろう》
十代目《じゅうだいめ》とその家族《かぞく》

二〇二四年六月一五日　初版第一刷発行

著者　中村雅之《なかむらまさゆき》
発行者　喜入冬子
発行所　株式会社筑摩書房
東京都台東区蔵前二-五-三　郵便番号　一一一-八七五五
電話番号　〇三-五六八七-二六〇一（代表）
装幀者　神田昇和
印刷 製本　中央精版印刷株式会社

ISBN978-4-480-01801-4 C0374

筑摩選書 0078

紅白歌合戦と日本人

太田省一

誰もが認める国民的番組、紅白歌合戦。今なお40％台の視聴率を誇るこの番組の変遷を、興味深い逸話を交えつつ論じ、日本人とは何かを浮き彫りにする渾身作！

筑摩選書 0115

マリリン・モンローと原節子

田村千穂

セクシーなモンロー、永遠の処女のような原節子……。一般イメージとは異なり、いかに二人が多面的な魅力に満ちていたかを重要作品に即して、生き生きと描く。

筑摩選書 0170

美と破壊の女優　京マチ子

北村匡平

日本映画の黄金期に国民的な人気を集めた京マチ子。強烈な肉体で旧弊な道徳を破壊したかと思えば古典的で淑やかな女性を演じてみせた。魅力の全てを語り尽くす！

筑摩選書 0202

盆踊りの戦後史

「ふるさと」の喪失と創造

大石始

敗戦後の鎮魂の盆踊り、団地やニュータウンの盆踊り、野外フェスブーム以後の盆踊り、コロナ禍と盆踊り……。その歴史をたどるとコミュニティーの変遷も見えてくる。

筑摩選書 0249

変容するシェイクスピア

ラム姉弟から黒澤明まで

廣野由美子
桒山智成

元々は舞台の台本として書かれたシェイクスピア作品は、いかに形を変えて世界に広まったのか？　児童文学や映画等、翻案作品を詳細に分析し、多様な魅力に迫る。

筑摩選書 0270

東京漫才全史

神保喜利彦

通説を覆す「東京漫才」の始まり、戦後のメディアと連動した復興、ＭＡＮＺＡＩブームから爆笑問題、ナイツの活躍まで余すところなく描く画期的「東京」漫才史。